隐蔽战线春秋书系·传记卷

吴德峰传

中共湖北省委党史研究室◎著

中共党史出版社

图书在版编目（CIP）数据

吴德峰传 / 中共湖北省委党史研究室著 .—北京：中共党史出版社，2018.4（2025.11 重印）
（隐蔽战线春秋书系 . 传记卷）
ISBN 978-7-5098-4582-0

Ⅰ . ①吴… Ⅱ . ①中… Ⅲ . ①吴德峰（1896–1976）—传记 Ⅳ . ① K827=7

中国版本图书馆 CIP 数据核字（2018）第 046361 号

书　　名：吴德峰传
作　　者：中共湖北省委党史研究室

出版发行：中共党史出版社
责任编辑：吴江
责任校对：龚秀华
责任印制：段文超
社　　址：北京市海淀区芙蓉里南街 6 号院 1 号楼　邮编：100080
网　　址：www.dscbs.com
经　　销：新华书店
印　　刷：北京盛通印刷股份有限公司
开　　本：720mm × 1000mm　1/16
字　　数：190 千字
印　　张：12.75
版　　次：2018 年 4 月第 1 版
印　　次：2025 年 11 月第 6 次印刷
书　　号：ISBN 978-7-5098-4582-0
定　　价：28.00 元

此书如有印装质量问题，请联系中共党史出版社读者服务部 电话：010-83072535

吴德峰（1896—1976）

|| 丛书前言 ||

章百家

中国共产党领导的新民主主义革命，既有公开战场的博弈，又有隐蔽战线的较量。公开战场和隐蔽战线相互配合，相互支持，相得益彰，奏响了中国革命的一曲曲凯歌。正如毛泽东指出的：要战胜敌人必须打两种战争，一种是公开战争，一种是隐蔽战争。隐蔽战争有战略进攻，派人打入敌人的内心；也有战略防御，保卫自己。要打败敌人须内外夹攻，所以两者都有同样的意义。

党的隐蔽战线随着党的发展而发展，随着党的壮大而壮大。在白色恐怖笼罩的危急关头，周恩来领导创建了党的第一个专门情报保卫机构——中央特科，培养和造就了一批隐蔽战线的杰出领导人和业务骨干，为保卫党中央机关和领导人的安全作出了特殊贡献。中央苏区时期，在中央和各主要苏区创立的政治保卫工作，对配合苏区工农红军粉碎敌人的"围剿"，发展和巩固苏维埃政权，纯洁红军队伍作出了特殊贡献。长征途中，红军情报侦察部门及时获取敌人往来的电报，使中央指挥机关能够及时了解敌人的军事行动部署，避实就虚，屡出奇兵，摆脱围追堵截，胜利实现了伟大战略转移。红军到达陕北后，在争取西安事变和平解决，促成抗日民族统一战线形成的过程中，隐蔽战线发挥了关键作用。抗日战争时期，中央先后成立了中央社会部和中央情报部，隐蔽战线斗争进入了专业化的成熟期。我情工人员深入日伪党政机构，获取了日伪大量军政战略情报和国民党消极抗日积极反共的情报，对配合抗日战争的胜利起了重要作用。解放战争时期，我党我军的情报保卫工作得到了更加深入广泛的发展。我情工人员深入到国民党机密决策指挥机关内，及时准确地供给了党中央和军委及各地区战略性和动向性的重要军政情报，为中央制定解放战争的战略方针提供了重要依据，使我军在解放战争中对敌人的主要情况了如指掌，始终掌握了战争的主动权。毛泽东评价这个时期“我们的情报工作是最成功的”。

艰苦卓绝的隐蔽战线斗争造就了一大批无名英雄。他们有的大智大勇，运筹帷幄，决胜千里；有的深入虎穴，与敌周旋，获取情报；有的舍生取义，面对严刑，视死如归；有的潜伏敌营，长期经营，率部起义；有的忠诚可靠，周密安排，确保党中央安全；有的巧妙应对，冲破封锁，保证交通线畅通。一代代无名英雄赤胆忠心，赴汤蹈火，用忠诚与信仰铸就了中华民族的无名丰碑；一个个共产党人不忘初心，牢记使命，用热血和生命锤炼出薪火相传的红色基因。他们在斗争中表现出了坚定的革命理想信念、大无畏的革命英雄主义精神、敢于斗争敢于胜利的英雄气概、高超灵活的对敌斗争艺术、艰苦奋斗和严谨细致的工作作风、甘于无名甘于奉献的高尚情操，这些凝聚成了隐蔽战线精神特质：胜而不骄，败而不馁，受气不叫，有苦不说，舍己救人，冒险犯难，埋头苦干。

毛泽东曾经说过：今后革命胜利了应该给我们情报战线的无名英雄们发一个大大的奖章。很多无名英雄没能盼来这枚奖章就早早地离开了我们。他们的名字无人知晓，但他们的功绩永世长存！徐向前曾指出：“我们的党史、军史有一个重大缺陷，就是对情报工作反映不够。”近年来，可以看到一些公开出版的反映隐蔽战线的史料、传记，但总的来说还不是很丰富，与隐蔽战线建立的功勋还不相称。这套《隐蔽战线春秋书系》分“传记卷”“回忆录卷”和“史述卷”，比较全面地反映了隐蔽战线的历史和无名英雄的精神。既是对老一辈隐蔽战线英雄的深切怀念和告慰，也可以作为新时代国安干警的教育读本，让一代新人了解历史，传承基因，所以是很有价值的。

（作者为中国中共党史人物研究会副会长）

|| 序 ||

由中共湖北省委党史研究室编撰出版的《吴德峰传》，记述的吴德峰同志是一位中国共产党的优秀党员、忠实的马克思主义者、老一辈无产阶级革命家和隐蔽战线的杰出领导人。吴德峰同志毕生实践写出的革命传统精神，是共产党员先进性的教材。

吴德峰同志1896年6月21日出生在湖北保康县歇马镇石磐岭，是晚清时期的一个官宦之家。他从小受着进步思想的影响，积极参加反帝反封建的爱国学生运动，追随共产党，走上了革命道路。1924年经董必武、陈潭秋介绍，吴德峰同志成为中国共产党党员。从此，他全身心投入为共产主义奋斗的伟大事业，终生不歇。他经过艰苦卓绝的中国土地革命战争、抗日战争、解放战争；经过轰轰烈烈的新中国社会主义革命和建设运动，艰苦奋斗了几十年，直到生命的最后一息。吴德

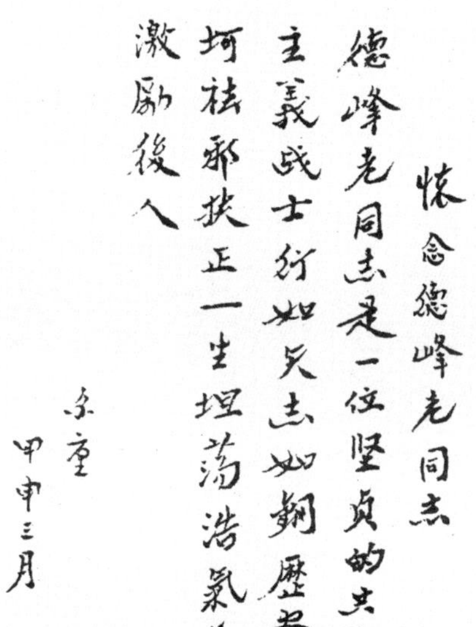

李尔重为吴德峰的题词

峰同志用坚定的信念和坚强的党性书写了自己无愧于党、无愧于人民的一生。

吴德峰同志的一生，实践了共产党员内在品格，“同传统所有制关系实行最彻底的决裂；在自己的发展进程中同传统的观念实行最彻底的决裂。”他抛弃了剥削的家庭，抛弃了剥削得来的丰厚生活，毅然与劳动人民一起，投入了消灭私有制、消灭剥削、消灭阶级、消灭两极分化，解放全人类的战斗。吴德峰同志为人坦荡磊落、豪气万丈、不骄不躁、多谋善断，他一生艰苦卓绝，舍生忘死，不追求名利，不以权谋私，无私奉献，无求无悔，无所畏惧。这种高贵品格，为我党留下了宝贵财富，光前裕后，轨物范世。

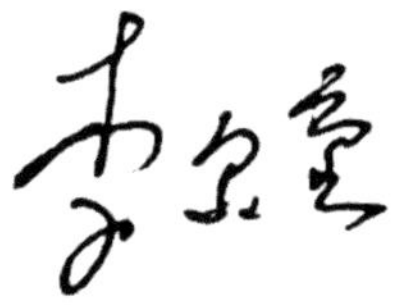

目录

一、投身革命

荆楚大地，人杰地灵。在中国革命和建设的长期奋斗历史中，涌现出了一大批中华民族的优秀儿女，吴德峰就是其中的代表。

冠盖动京华

吴德峰原名吴士崇，曾用化名吴铁铮、吴铁峰、戚元道。1896年6月21日出生于湖北省保康县。

湖北省保康县位于鄂西北，境内层峦迭嶂，土地贫瘠。晚清时期，保康以农业为主，耕地面积人均3亩左右，长年歉收，加之小农经济，传统耕作，粗放经营，广种薄收，抗灾能力差，基本上是靠天吃饭，人称“保康不康”。每遇灾荒，农民往往以野菜、树皮充饥。贫困的生活造就了保康人民的革命斗争精神。特别是明清时期，保康连续爆发农民起义。明成化年间，百万饥民以南漳、保康、房县为基地，发起了震惊朝野的荆襄农民起义。首领刘通、石龙率众在县城附近豆沙河一带屯兵七处，朝廷多次征兵进剿，仍去而复来，出

保康县歇马镇石磐岭吴家老宅

没无定；明末李自成、张献忠领导的农民起义军，在保康横戈跃马，转战数年，明廷徒唤奈何。清代，白莲教和红巾军几进保康。嘉庆元年（1796年），保康沱峪沟人曾世新发动千余农民参加白莲教起义，轰动一时。咸丰年间，白莲教分支灯花教在襄阳一带爆发的红巾军起义，先后在马良、金斗、寺坪等地多次与清军鏖战。

吴德峰祖籍保康县歇马镇石磐岭，是当地有名的官宦之家。尽管如此，吴德峰先辈的思想并不保守，相反都是倾向维新的开明之士。祖父吴国弼为清朝辅臣四品通奉谏议大夫，在云南等地做过官，并任鄂省临时议会议员。受维新、变法思想的影响，吴国弼先后送两个儿子吴元泽和吴元钧赴日本士官学校留学，以期习武救国。吴元泽（1874—1945）是吴德峰的二伯父，为清末第一批（1898—1902）留学日本士官学校的中国学生。回国后，历任福州道台、广西讲武堂总办、湖北将弁学堂堂长、湖北陆军第八镇四十一标统带。1911年，吴元泽率部参加辛亥革命，武昌起义胜利后，任军政府军学司司长、战时司令部参谋长，后随黎元洪进京为幕僚，曾担任中华民国总统府侍卫长和征兵局长，授上将军衔。1915年，袁世凯复辟帝制，12月25日，蔡锷通电各省宣布云南独立，组织护国军讨伐袁世凯。贵州、广西、广东、浙江、陕西、四川、湖南等省相继宣告独立。袁世凯在内外压力下被迫于1916年3月22日撤销帝制，废除“洪宪”年号，仍称大总统。4月18日，唐继尧等发表宣言，要求免去袁世凯的大总统职务。此时在北京担任军政要职的吴元钧、吴元泽，被大总统袁世凯视为救命稻草极力加以笼络，正巧吴元泽的大儿媳染疾病故，袁世凯专门赠其媳吴陈氏“志洁行芳”节妇匾，以期拉拢吴氏兄弟为其卖命效力，但袁终未能如愿达目的。

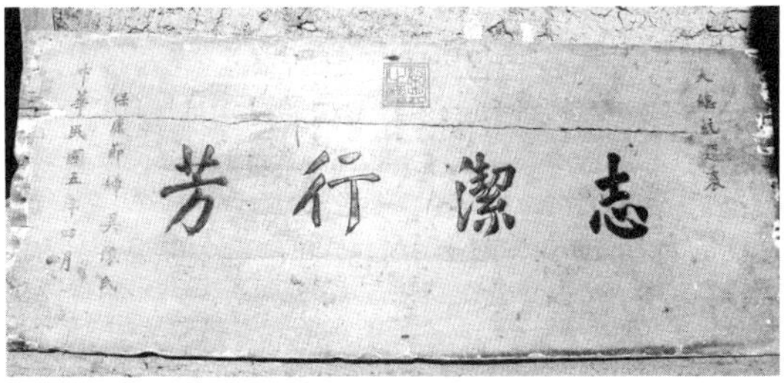

袁世凯题褒给吴元泽大儿媳吴陈氏的“志洁行芳”贞节牌匾（现存保康县）

吴元泽1945年9月23日寅时在武昌病逝，1951年经武汉市政府批准安葬于武昌卓刀泉辛亥革命公墓。

吴元钧（1877—1915）是吴德峰的父亲，留学日本士官学校第五期骑兵科，毕业回国后，曾任清军绿营管带、新军湖北督练公所教练处骑兵课课员、湖北将弁学堂堂长、河南及浙江混成协参谋（军衔副军校）等职。1911年，参加辛亥革命衔至少将。后随其兄吴元泽进京任总统府侍卫武官。1915年患伤寒病逝于北京帅府园，回葬于湖北保康县石盘岭。黎元洪与吴氏家族因历史渊源通家友好，黎元洪曾多次为吴氏兄弟题赠“德高年绍”等匾额。

1896年6月21日，吴德峰就出生在这样一个有着革命传统的地方，这样一个崇尚维新进步思想的家庭，这对他以后追求进步、走上革命道路产生了重要影响。1896年至1909年，他在保康度过了童年和少年时代。在这里，儿童时代的他接受了最初的启蒙教育，他好学上进，肯下功夫。在这样一个荒凉动荡之地，长辈们质朴醇厚的亲子之爱，使他自小就养成一种勤勉朴实的习惯和坚毅果断又细致绵密的性格。

吴德峰的童年时代正处于19世纪和20世纪的世纪之交，中国发生了几件大事：一是1898年的戊戌变法，二是1900年的义和团运动的兴起，三是1901年八国联军侵略中国，强迫清政府签订丧权辱国的《辛丑条约》。一方面，帝国主义加紧了对中国的侵略，企图瓜分中国，从而导致了国内政局前所未有的动荡；另一方面，中国民主进步的潮流已成不可抵挡之势，几千年的封建统治再也维持不下去了。中国社会已处于转折的前夜！

在澎湃的革命浪潮中

1909年2月，13岁的吴德峰随父亲吴元钧来到武昌，就读于湖北官立两等小学堂。这成为他一生中的第一个重要转折点。正是在武昌，他萌生和立下救国救民之志，并在董必武、陈潭秋等共产党员的影响和帮助下，加入中国共产党，走上革命道路，开始了他那跌宕起伏、惊心动魄的传奇一生。

20世纪初的中国，随着帝国主义侵略日益深入，中国对外交往日益增多，向西方学习步伐日益加快，废除科举制度、举办新式学堂已成为一股不可遏制的潮流。武昌是当时中国新式教育的中心区之一，这要归功于一个著名的人物——张之洞。他于1889年至1907年担任湖广总督期间，创办了一批新式学堂，使武昌成为新式教育的中心和国人瞩目之区。吴德峰就读的湖北官立两等小学堂就是一所新式小学堂。在这里，他饶有兴趣地学习到一些新式课程，他第一次知道，地球是圆的，世界之大。他的眼界，从“自从盘古开天地，三皇五帝到如今”的中国，一下子拓展到中国之外的世界。

吴元钧画像

1911年，农历辛亥年，是中国历史上重要的转折之年。这年10月10日，武昌起义爆发，全国各省纷纷响应，由此敲响了清王朝腐朽统治的丧钟。时任湖北陆军第八镇四十一标统带的吴元泽率部参加辛亥革命，先后荣获三等、二等文虎勋章。1923年4月23日在《湖北公报》上刊登了总统令，授予吴元泽为陆军中将。萧耀南督鄂时代吴元泽为湖北将军团成员。吴元钧辛亥革命时任苏浙攻宁联军少将参谋长。父辈们参加辛亥革命，这一举动给早已有了进步思想倾向的吴德峰以巨大的影响，汹涌澎湃的革命浪潮使他再也不可能那样平静地坐在课堂里只读“圣贤书”了。受伯父吴元泽和父亲吴元钧的影响，他投笔从戎，加入湖北省革命学生军，走上了军事救国的道路。因为表现优异，后来还担任了学生军的班长。他的这次军旅生涯虽然只有短短一年的时间，但极大地开拓了眼界，树立了民主共和的思想，使他萌生了救国救民的志向。但是，对于中国这个有着两千多年封建专制传统的古老国度来说，走民主共和之路毕竟不是一件容易的事，仅仅靠一次辛亥革命是远远不够的。辛亥革命的胜利果实很快就被袁世凯窃取，中国仍旧是一个封建专制主义的国家。

1913年春节后不久，吴德峰患肺结核病，回保康老家，一边读书，一边养病，过着悠闲的田园生活。8个月之后，1914年1月，17岁的他再次来到武昌，旋即考入素有革命摇篮之称的湖北省立第一师范学校。在四年学习期间，国际国内风云变幻。国际上经历了第一次世界大战、俄国十月社会主义革命等重大事件，特别是十月革命一声炮响给中国送来了马克思列宁主义；国内军阀混战，各种矛盾日益激化，旧的封建统治再也不能维护下去了。这期间，他和肖楚女等建立了深厚友谊，与不少有志之士一起研讨过中国之前途和命运。他还积极参加和组织领导了武汉学潮，并作为学生代表与教育厅长谈判，面斥教育界的黑暗腐朽，驱逐了反动校长，成为学潮的学生领袖人物之一。最重要的是，就在这所学校，他结识了在该校执教并任校监的董必武，由此而建立了数十年的师生之谊。

加入中国共产党

进入20世纪，中国思想文化界风云突变。1915年9月，陈独秀在上海创办《青年杂志》（次年更名为《新青年》），在思想文化领域掀起了一场以民主和科学为旗帜，向传统的封建思想、道德、文化宣战的新文化运动。此后，在中华大地上，越来越多的知识分子在为传播马克思主义不遗余力，越来越多的青年在马克思主义的影响下迅速成长。

1918年春，吴德峰在湖北省立第一师范学校毕业。就在这人生旅途的关键时刻，爆发了震惊中外的五四运动。北洋军阀政府出动军警进行镇压，逮捕了32名学生，运动迅速遍及全国。五四运动揭开了中国新民主主义革命的序幕。在俄国十月革命的影响下，许多热血青年开始怀疑资产阶级共和道路，转向信奉社会主义学说，社会主义学说很快成为新思潮的主流，马克思主义开始在湖北传播。武汉是中南地区五四运动的中心，经过了五四运动的洗礼，董必武、陈潭秋、恽代英等一批先进分子，经过苦苦寻觅，成长为中国最早的一批具有共产主义思想的知识分子。利群书社是湖北传播马克思主义的重要阵地。利群书社是武汉马克思主义研究小组创办的，负责人是陈潭秋、恽代英、林育南，是武昌各进步团体的联合体。书社的主要活动是学习研究马克思主义，经销各种新思潮书刊。随着恽代英及利群书社的大多数成员转向马克思主义，利群书社成为武汉乃至长江中上游地区传播马克思主义的重要阵地，一批知识分子借此走上信仰马克思主义的道路，这其中就包括吴德峰。

利群书社旧址（原房屋已毁）

从省立第一师范学校毕业后，吴德峰奔祖父丧事回保康老家守孝一年零八个月于1919年11月返回武昌，并于12月考入湖北省长公署第一科机要股任科员。尽管有了一份比较稳定的工作，但他并不以此满足，时常关心国家大事，思索救国救民的真理。这时，一位朋友介绍他到利群书社去读书。他读到了《共产党宣言》《社会主义史》《马克思〈资本论〉入门》《共产主义ABC》等马克思主义书籍和《新青年》《新潮》《少年世界》《觉悟》《武汉星期评论》《湘江评论》《少年中国》《建设》《解放与改造》《曙光》等宣传新思潮的刊物。这些报刊对民主与科学的呼唤，对封建伦理、封建专制的猛烈抨击，对马克思主义的热情颂扬，使他耳目一新，眼界大开。

1920年秋天，武汉早期共产党组织成立。成立会议是在武昌抚院街（现民主路）97号董必武和张国恩开办的律师事务所举行的，参加人为董必武、陈潭秋、刘伯垂、张国恩、赵子健、包惠僧、郑凯卿七人。武汉早期共产党组织的成立，标志着湖北人民反帝反封建的政治斗争进入到一个崭新阶段。

吴德峰如饥似渴地学习马克思主义、研究马克思主义，受到董必武、陈潭秋的赏识，于1922年推荐他担任了湖北人民通讯社社长。当时，武汉马克思主义研究小组出版了两种刊物，一种是内部发行的，叫《我们的》，是一本油印刊物；一种是公开发行的，叫《武汉星期评论》，为铅印刊物，主要是宣传马克思主义。为了便于内外通讯联系，党组织决定成立湖北人民通讯社。开始时，因买不起油印机，通讯稿用手抄，共一二十份，主要供给湖北诸报纸，也寄给上海报纸。尽管该社的存在时间很短（1922年5月被湖北督军肖耀南以

董必武

陈潭秋

“言论过激”为借口查封)，但扩大了武汉早期共产党组织和马克思主义者的影响，吴德峰也在这项工作的过程中，提高了认识，锻炼了能力，增长了才干。

1921年7月23日，中国共产党第一次全国代表大会在上海开幕，董必武、陈潭秋作为武汉早期共产党组织的代表参加了会议。中国共产党的成立大会，是在反动统治的白色恐怖下秘密举行的。一个新的革命火种已在沉沉黑夜的中国大地上点燃起来了。正如毛泽东后来所说的：“中国产生了共产党，这是开天辟地的大事变。”

董必武和陈潭秋参加党的全国第一次代表大会后回到武汉，在武汉共产党早期组织的基础上，组建了中共武汉地委，不久改组成中共武汉区执行委员会。在中国共产党的发动和领导下，武汉群众运动迅猛发展。吴德峰积极参加党领导的群众运动，思想觉悟日益提高。

1922年，吴德峰参加轰动一时的省立女师学潮。湖北省立女子师范学校原属经心书院系势力范围，是封建思想统治的一个堡垒，校长王式玉是一个顽固不化的封建学究。学校向学生灌输封建伦理道德，要求学生成为未来的“贤妻良母”，对学生的思想、言行都严加监督。学生没有人身自由，平时不许出校门一步，星期六要由家人接回，星期日晚由家人签章后送回学校。董必武、陈潭秋、刘子通、黄负生在女师任教的过程中，通过组织“妇女读书会”，提高学生的觉悟。学生中的骨干陈慕兰、夏之栩、徐全直、邓俊英、马玉香、钱瑛、戚元德、李文宜（哲时）、袁溥之、袁震、杨子烈、庄有义、陈媲兰等，先后加入了党团组织。这批党团员团结进步学生反对校长的家长统治，闹了几次学潮。2月，王式玉以“宣传赤化”“煽动学潮”为名辞退刘子通。夏之栩、徐全直、袁溥之等进步学生对此极为愤怒，强烈要求学校挽留刘子通，并举行罢课，一直持续到下半年。王式玉通过省教育厅搬出督军省长的大令，将刘子通驱逐出省，又决定宣布开除夏之栩、徐全直、袁溥之、袁震之（袁震）、陈媲兰等几个带头“闹事”学生的学籍。李文宜、兰淑文等带领同学包围了校长室，砸烂了学校公布开除这几名学生学籍的牌子，这就是著名的“女师学潮”。在董必武、陈潭秋的积极组织领导下，这场斗争最后于这年11月以王式玉去职，撤销开除学生的决定，夏之栩等五名学生“恢复学籍”，文凭照发，另找地方补课为条件而告结束，使保守的封建堡垒受到沉重的打击。吴德峰积极参加了这场斗争，关于他的表现，袁溥之在她的回忆录中这

湖北女师学潮胜利后，几位运动骨干在蛇山合影留念

样写道：

德峰同志当时年轻有为，经常身着学生装、西装等短服，出入学生群众中间，非常活跃，组织煽动能力很强，青年学生都很佩服他，听他的指挥和领导。当时女师学潮主要反对清规戒律封建教育；反对校方辞退刘子通、陈潭秋等进步老师，矛头指向当时校长王式玉和教育厅等反动势力。当时陈潭秋同志所教班级的学生，徐全直、夏之栩、杨子烈、庄有义、陈媿兰闹的最厉害，结果被校方挂牌开除（他们比我高一班），我和妹妹袁震同志（吴晗同志的夫人）也由于带头参加学潮，以思想赤化，不可教诲而勒令退学. 此时董老、陈潭秋、德峰同志非常关心照顾我们，为了支持我们斗争，分别继续给我们上课补习，后杨子烈、庄有义、陈媿兰、夏之栩等人分别去北京、安源、上海等外地。我和袁震则转学安庆，在安庆又以“思想赤化”被开除，最后又返回武汉读书。

吴德峰积极参加由董必武领导的教育改革斗争。董必武极力反对湖北省教育会会长谢石钦搞封建专制教育，领导教育界开展反对谢石钦的斗争。这场斗争从1920年10月开始，持续了两年多。1921年10月，50多个公立和私立的大中小学校组成了湖北省教育职员联合会，以代替旧教育会职权。由于坚持开展反对教育界保守、反对势力的斗争，终于在这一年年底把代表旧势力的省教育厅长赶下了台，从组织上给旧教育会以沉重打击。后来，鉴于湖北省教育会继续拼命扼杀五四运动以来的一点点新的改革，推行复古教育，帮助军阀镇压学生进步活动的严重情况，董必武决心搬掉这块绊脚石。他联络湖北教育界知名人士，于1923年秋召开了教育界师生代表大会，向政府提出改组湖北省教育会的要求。吴德峰积极参加了这场斗争，并被推选为湖北省新教育会的10名委员之一，并担任湖北省教育会执行委员兼义务教育股主任。

吴德峰任湖北省教育会干事的证章

吴德峰还积极参加党组织的平民教育和职业教育活动。早在1920年5月，省立一师就组织了读书团体——人社，他即为成员之一。1924年，董必武利用担任一师训育主任的有利地位，指导进步学生将人社进一步发展充实，以吴德峰、陈定一、王平章、李镜唐、刘仲衡等人社成员和进步学生为骨干，开展城市推进平民教育和职业教育的活动，以促进工农运动的开展。吴德峰在董必武的领导下，积极参加了平民教育和职业教育的各项活动。

经过革命洗礼，吴德峰逐渐成长为一位坚定的马克思主义者。1924年2月，经董必武、陈潭秋介绍，通过党的严格审查考核，这位出身官僚、地主家庭，社会关系复杂的知识分子被接收为中国共产党党员，只经过一个月的候补期就转为中国共产党正式党员。这是他政治生涯一个根本性的转折点，从此他自觉地把自己的命运与党和国家的命运紧密地联系在一起，义无反顾地为共产主义奋斗，无论何时何地何种情况下，都不犹疑、不动摇，直到生命最后一息。

吴德峰在晚年回忆这段经历时曾这样对儿女们说："我们家在中华民族危急存亡之际，从维新变法经过辛亥革命历时三代人，终于寻求到一个真理：只有共产党才能救中国。为了实现共产主义，实现中华民族的昌盛富强，多少革命者前仆后继，在所不惜。你们必须继承先烈遗志，更加努力刻苦为之而奋斗。"

二、洪流搏击

中国共产党从1921年诞生到1923年，为党的创建时期。1921年党的一大完成了党的中央组织的创建，此后党的地方各级组织陆续建立。1922年党的二大在党的历史上第一次完成了党章的创制，并提出了彻底的反帝反封建的民主革命纲领和党的最高纲领。党领导了轰轰烈烈的工人运动，京汉铁路大罢工是这次工人运动高潮的顶点。党在革命斗争的实际中深切认识到，中国人民的敌人是强大的和凶残的，单靠工人阶级自身的力量是不行的，必须调动各个方面的积极性，团结一切可以团结的力量。1923年党的三大制定了统一战线的方针，决定共产党员以个人身份加入国民党，实现国共合作。1924年1月，中国国民党第一次代表大会在广州召开，孙中山在会上对三民主义进行了新的阐述，着重强调了“联俄、联共、扶助农工”的三大政策，这标志着以国共合作为基础的革命统一战线正式形成，从而揭开了大革命的新篇章。吴德峰积极投身于大革命运动，初步展示了作为一名中国共产党党员和一个无产阶级革命家的风采。

在五卅运动的狂飚中

吴德峰入党后，很快以其干练、沉稳、无私、无畏的作风赢得了党的信任。1924年7月，他任改组后的中共武昌地委委员。9月，中国共产党湖北省第一次代表大会召开，他和董必武、陈潭秋、聂鸿钧、袁溥之、许之祯等20多人出席会议。会议是在一条木船上召开的，木船在长江中游弋，最后停泊在一个叫大鹅洲的地方。会议开了两天一夜，成立了中共武汉地方委员会，统一领导武汉和湖北省党的工作。在这次会议上，刚入党不久的吴德峰当选中共武汉地委委员，并代理地委军事委员会的工作。

1925年1月，中国共产党第四次全国代表大会在上海召开。这次会议首次提出无产阶级在民主革命运动中的领导地位及发动农民参加革命斗争的问题，为实现无产阶级的领导权，迎接革命高潮的到来；大会提出了工人、农民、青年、妇女工作中的任务。湖北地区的党组织积极贯彻党的四大确定的各项任务，将党员派往工厂、农村、学校，发动群众开展反帝反封建的革命斗争。根据党组织的安排，吴德峰主要从事学生工作，经常在省立女师等学校发表演讲，组织学生联合工人、农民开展反对帝国主义和封建主义的学潮。

为了适应即将到来的革命高潮，便于党组织和进步人士开展革命活动，同时也是为了培养更多的革命人才，1925年2月，根据党组织的指示，吴德峰在武昌黄土坡创办了崇实中学。崇实中学位于武昌黄土坡（即现在的首义路）鄂园对面，为一栋三开门的楼房，乃吴家的房产。由于党成立初期，经费筹措十分困难，为创办这所校，他不要党组织的一分钱，动员继母变卖了她七百多串钱的首饰，作为学校的开办经费。

吴德峰担任崇实中学校长，蔡以忱任训育主任，费侃如任教务主任。学校教职员中，有的是共产党员，有的是具有进步思想的国民党员，也有其他方面比较进步的人士。陈潭秋曾在该校讲授过资本主义入门的课程。学校在创办初期，人数很少，经过一个学期后，学生激增到了近200人，分为高中、初中两部，高中设师范、法律两科，初中只设了一个班。因为当时是国共合作，国共两党的许多著名人士都参与学校的教学，革命空气极为浓厚，这为崇实中学的教学营造了良好的氛围和条件。

为了帮助和引导青年学生学习、研究马克思主义，吴德峰在学校成立了读书会，规定读物为马克思主义书籍，并组织讨论研究。读书会吸引了与崇实中学相邻的湖北省立女子师范学校的许多学生，不少学生通过读书会提高了思想政治觉悟，加入了中国共产党，走上了革命道路。崇实中学也是革命宣传品的转发站，所有从广东寄来的宣传品，都是先寄到崇实中学，再由共产党员和进步学生领取后在街头上散发或送达特定地方。蔡以忱则以湖北省农民协会负责人的身份，向各县农民协会转发宣传品。

吴德峰非常注意帮助革命战友。当时，活动经费全靠自己的微薄薪金或从家里拿钱资助，董必武为了筹集资金，同时在一师、女师、汉口中学等任国文教员，非常辛苦，为了节省十几个铜板，经常上课都是步行，从来舍不得花钱雇人力车。吴德峰家境比较宽裕，经常拿钱出来做活动经费，接济有困难的同志，经常帮助去外地或下乡的同志筹办衣物、被褥和旅费。去汉口开会，大家都愿意跟他一起走，因为跟他走有饭吃。在武昌开会，一般大会在崇实中学开，小会在吴德峰家里开，他继母出身官僚书香门第，精明能干，思想开通，通情达理，同志们每次去，她都热忱接待，使大家心里感到非常温暖。

到1925年，经过党的努力，1923年京汉铁路罢工后进入低潮的革命运动又渐趋活跃起来，武汉工人罢工、学生罢课等斗争此起彼伏。崇实中学在这些革命斗争中是中坚力量之一，每次学潮都有崇实中学学生的积极参与，而吴德峰与蔡以忱在每次学潮中都要进行精心策划和指挥。1925年春，女师开学不久，吴德峰即到该校演讲，讲演的内容是帝国主义与中国军阀混战。他人虽清瘦但两眼炯炯有神，讲话中气十足，声音洪亮，言辞激烈，内容简洁突出，博得听众阵阵掌声。这期间，他还领导了武汉教育界的一次加薪改现运动。当时，武汉教职员工的生活极为清苦，为此，教育界掀起加薪改现运动。他参加了这一运动，并被推为请愿代表团的代表，同其他代表一起去见了当时湖北省的督军肖耀南。他慷慨陈词，对教职员工痛苦的生活作了详尽而痛切的叙述，使肖耀南不得不接受教职工们的要求。就在武汉地区革命运动开始高涨之时，突然从上海传来五卅惨案的消息。党领导的武汉学联举行会议，决定实行全市罢课。学生的行动鼓舞了各界群众的爱国热情，工人、商人、教职员等纷纷加入反帝斗争的行列。6月2日，吴德峰主持召开湖北工团联合会会议，会议决定成立国货维持团，实行对英经济绝交。会后，武昌商会决定不用日英钞票，不卖日英货物，停止原料供应，断绝日英侨商的食料供应。湖北教育会、湖北外交后援会等也发表声明，严厉抗议英帝国主义暴行，誓与各界共同奋斗。6月9日，湖北党组织发动武汉72所学校和工商界9个团体数万人举行声势浩大的联合大游行，向肖耀南提出包括严惩凶手以死刑、收回英租界在内的7项要求。6月11日，丧心病狂的英国水兵竟然用机枪扫射游行群众，当场打死40余人，重伤30余人，并将死难者遗体抛入长江毁尸灭迹，制造了震

五卅运动中，武汉人民举行反帝示威游行

六一一惨案现场

惊中外的武汉六一一惨案。

7月11日，武汉各界群众举行追悼沪案、汉案、粤案（即上海五卅惨案、汉口六一一惨案、6月3日广州沙基惨案）死难烈士大会。全市各条街道下半旗哀悼，悲愤弥漫在大街小巷。在武昌追悼会上，国民党湖北省临时党部、国民党汉口特别市临时党部、湖北全省工团联合会等100多个团体5万多人参加了大会，会场白色牌楼的挽联醒目："重于泰山，轻于鸿毛，男儿死耳，不为强暴屈；人为刀俎，我为鱼肉，天下悼之，乃于公理伸。"吴德峰站在主席台上，面对死难者的灵位，激愤陈辞，"各界勇猛奋斗一致对英，为外交努力之后盾"，呼吁全省同胞同仇敌忾，作永不停息的抗争。

在全省人民的抗议下，湖北当局被迫与英国汉口领事馆进行"领事外交"。然而，虽然经过8次谈判，英国驻汉口领事馆领事柏达还是蛮横无理的拒绝了湖北当局那点毫无实际内容的要求。消息传出后，湖北人民怒不可遏，再次掀起新的反帝高潮。湖北党组织决定利用湖北督军肖耀南"发起水陆大游行"欺骗群众之机，以国民党湖北省党部、国民党汉口特别市党部的名义指挥这次“水陆大游行”。9月7日，有数十万人参加的水陆大游行在武汉三镇、沙市、鄂城、宜昌同时举行。共产党员董必武、蔡以忱和吴德峰分别主持武昌、汉口的群众游行。长江两岸，旌旗如潮，浩瀚江面，千帆竞发。“打倒帝国主义”“打倒媚外军阀”“废除一切不平等条约”的口号此起彼伏，激荡在万里长江，回响在荆楚大地。

经过五卅运动狂飚的洗礼，湖北社会各阶层在反帝反封建的旗帜下，团结在中国共产党周围，大革命运动走向高潮。吴德峰在斗争中更加成熟，马克思主义信念更加坚定。

迎接北伐军

1925夏，吴德峰根据党组织的指示，以个人名义加入中国国民党。7月5日至20日，国民党湖北省第一次代表大会在武昌召开，正式成立国民党湖北省执行委员会，即国民党湖北省党部。他出席了这次会议，并当选为省党部执行委员、工人部长、军事部长。1926年2月，中共中央北京特别会议确定以推动北伐为中心，全面开展各项准备工作的策略方针。随后提出“党在现实政治上主要的职责是从各方面准备广东政府的北伐”。7月9日，北伐军在广东宣誓北伐，大革命运动的高潮开始到来。此后，他以极大的精力投入到迎接北伐军的活动中。

为了迎接北伐军，吴德峰在崇实中学开了一个北伐宣传训练班，秘密抽调武汉各大学、各单位的支部书记和各县的负责干部约50人，进行专门学习。为提高大家的政治觉悟和思想水平，他特别邀请陈潭秋到校讲解中国近代史和革命理论。陈潭秋非常熟悉中国近代史，对满清政府签订的各项卖国条约的内容十分清楚，他不带任何材料，侃侃而谈，娓娓道来，学员们听了无不钦佩。陈潭秋指出，北伐革命一定会成功，但他同时又告诫大家，国民党组织成分非常复杂，它的右翼代表大地主大资本家的势力，跟广大劳苦大众是根本对立的。

为迎接北伐军，董必武经多方争取，以“破坏敌人军纪”“侦察军事政治情报”等为主要职责的国民党湖北特种委员会，经国民党中央执行委员会批准成立，董必武为书记，共产党员吴德峰、国民党左派张国恩替代在外地的刘孝澄、潘怡如为特种委员会委员。特种委员会成立之后，派出大量人员详细调查湖北军阀的兵力部署和武汉城防情况，并制定了一份北伐军进军湖北、攻占武汉作战方案的建议，送往国民革命军总司令部。

北伐军进入湖北境内时，吴德峰按照党的指示，立即从崇实中学派出一批学生南下做宣传工作，迎接革命军的到来。北伐军逼近武汉后，斗争达到了新的高潮，所有在武汉的共产党员，都投入到紧张的斗争中。在吴德峰的指挥下，由共产党员陈卫东以国民革命军名义撰写的一份布告，称革命军的先头部队已有3000多人进了城，张贴于武昌的大街小巷。张贴布告是一项非常危险的工作，崇实中学四名学生由2个伪装打架，以吸引住警察的注意，另外2个敏捷地将布告张贴在墙上。这份布告使军阀们慌乱，动摇了北洋军阀军队的军心，为北伐军顺利进入武汉创造了有利条件。

北伐军逼近武昌城时，董必武等前往长沙欢迎北伐军，吴德峰留在武汉作迎接北伐军的准备工作。他在关城门前把眉毛剃光，改变模样出城到汉口安排具体工作。10月10日，北伐军攻克武昌城。陈潭秋、吴德峰和徐全直、袁溥之等一起开会讨论研究如何欢迎北伐军的问题。针对唐生智部队纪律败坏

1926年8月底，北伐军前锋抵达武昌城外

的情况，他让袁溥之以纪律为题准备了一篇发言稿，在欢迎会上发言，希望北伐军严明纪律，安定人民生活。

1925年的女师学生的戚元德

1926年，吴德峰和戚元德在火热的革命斗争生活中确立了恋爱关系。戚元德1905年生于武汉，1921年至1926年就读于湖北省立女子师范学校。据戚元德回忆：她是1925年初春在一次讲演会上认识吴德峰的，并在崇实中学听过吴德峰的课，因为人很多，又是晚上课，上完课就走，与吴德峰没有直接接触交谈。北伐战争胜利后，戚元德的好友胡文裕结婚，胡文裕的丈夫王慧闻是吴德峰在第一师范时的要好同学，也是大革命时代的战友。吴德峰常到王家去玩，自然就经常碰到前去看望胡文裕的戚元德，于是双方开始交往。在不断的接触和交往中，双方进一步相互了解，由相互敬重变成了相互爱慕。1926年底，经陈潭秋、徐全直和胡文裕、王慧闻两对夫妇的促成、组织同意，吴德峰和戚元德确定了恋爱关系，订了婚约。对这段经历，几十年后戚元德仍以愉悦的心情回忆道：

1926年戚元德教音乐用的折叠风琴（现存保康县）

在接触中我们彼此都很崇敬对方的为人、品德、聪敏、才干，在政治上我们志同道合，有共同的语言、理想；在革命的道理上他给予我很多指导和帮助，进一步启发、坚定了我对共产主义的信仰和信念；在生活情趣上，我当时教语文、音乐，喜爱文学、艺术，他经常鼓励、指导我参加革命的宣传活动。德峰在唱歌方面可以说是汉腔十足、五音不全，唱得很难听，但他喜爱体育、音乐，他擅长长跑、打拳，会弹风琴、钢琴、七弦琴，最拿手的是吹铜笛和洞萧。他有一对非常精致的铜笛和洞箫，在与朋友聚会时，有时为我伴奏，被朋友们称为琴瑟合鸣的佳作。

收回英租界的斗争

北伐军攻克武汉后，武汉成为全国革命运动的中心。1926年11月26日，国民党中央政治会议正式决定中央党部及国民政府北迁武汉，12月5日，国民政府及国民党中央党部宣布在广州停止公办。随后，国民政府的宋庆龄、孙科、宋子文、徐谦、陈友仁，苏联顾问鲍罗廷等先后到达武汉。与此同时，中共中央也决定抽调大批干部到武汉工作，毛泽东、张国焘、刘少奇、李立三、张太雷等相继到汉开展工作。从此进入武汉国民政府时期。

1926年，任武汉国民政府公安局长的吴德峰

武汉国民政府成立后，因吴德峰在湖北军政界家世显赫，经国民党著名左派人士邓演达推荐，于1926年冬担任武汉国民政府常委兼国民政府武汉市公安局长。当时公安总局下设分局、督察、巡警大队（不带武器）、警察大队（持枪）。这一实权要职的取得，对党在武汉的工作带来极大的便利，为保卫党的活动和共产党员的安全起到了极大的作用。为了便于工作，他在公安局里安插了一批共产党员、国民党左派人士、进步人士和可靠的关系，他的两个弟弟吴士特（吴元泽的儿子）、吴士悉（胞弟）分别任武汉市公安局分局局长和

总局督察长。

担任武汉市公安局长的吴德峰，经受的第一次重大考验就是收回英租界的斗争。1927年1月3日，英国水兵在武汉制造了一起震惊中外的血案。中央政治军事学校宣传队在与英租界毗邻的江汉关前讲演，英帝国主义分子如临大敌，急调大批水兵登岸，垒起沙包，拉上电网，架设机枪，威胁群众。见武汉群众置之不理后，英国水兵蜂拥而上，以刺刀将海员工会会员李大生肠子挑出，并重伤四五人，轻伤30多人。这就是汉口“一三”惨案。

英帝国主义的暴行激起武汉人民的极大愤怒。湖北地区党组织组织群众开展了声势浩大的抗英斗争，并要求武汉国民政府与英方交涉在24小时内撤退一切英方武装。武汉民众在工人纠察队的带领下，从四面八方向英租界附近集中，高呼“收回英租界”的口号。1月5日，武汉30万市民在共产党员李立三的指挥下，在汉口济生三马路举行示威游行。吴德峰代表国民党湖北省党部、宛希严代表国民党汉口特别市党部、向忠发代表湖北省总工会，在大会上揭露惨案的真相及英帝国主义的一系列罪行，提出政府应和人民团结一致

1927年1月5日，武汉群众举行示威游行，向英租界进发。图为武汉群众冲进汉口英租界的情形

收回英租界。会后，愤怒的市民举行示威游行，冲向英租界，在一片“收回英租界”“为死难同胞报仇”的呐喊声中，推倒铁丝网，涌进英租界，占领巡捕房，在房顶上升起中国国旗。在群众高涨的革命激情推动下，武汉国民政府迅速接管了武汉英租界，并以铁腕外交迫使英国政府签订关于汉口惨案的协定，规定中国政府于1927年3月15日正式收回汉口英租界。

以武汉工人阶级为主力军的武汉人民在中国共产党的领导下收回汉口英租界，一洗自鸦片战争以来中国政府的积辱，是中国近代历史反帝斗争的第一次重大胜利。江西九江人民在此影响下，也收回九江英租界。吴德峰在经历了这次伟大的反帝斗争后，进一步认识到没有共产党就不会有中国革命成功这一真理。

吴德峰任公安局长期间，党内受中央军委和湖北省委双重领导。他经常到汉口中央军委所在地与周恩来，到武昌青石桥三号与董必武、陈潭秋、钱介磐等同志碰头汇报，按党的指示讨论研究、决定重要问题。他还按党的指示，利用在武汉国民政府和国民党湖北省党部担任各种任务之便，加强与各阶层特别是上层社会重要人物的联系，争取与国民党左派和进步民主人士的合作，并了解国民党右派和反共分子的动向，使我们党能够随时开展有利的斗争。

在武汉市公安局长任上

1927年春，以武汉为中心的大革命洪流汹涌澎湃，气势磅礴，把几千年封建地主阶级的特权打得落花流水，严重动摇了殖民主义在华反动统治的根基，引起帝国主义和一切反动派的恐惧与仇恨。帝国主义采取直接出兵镇压和分化革命阵营的策略，加紧干涉中国革命。革命统一战线内部，蒋介石右派集团为实现反革命政变的目的，加速同帝国主义、豪绅买办勾结。

革命阵营出现裂缝的第一件事，即是迁都之争。本来，国民党中央党部和国民政府已宣布迁鄂，但蒋介石却节外生枝地提出，国民党中央党部和国民政府迁到北伐总司令部所在地南昌，其目的是置于他的直接控制之下，蒋介石为此公然扣留了经由南昌前往武汉的国民党中央党部和国民政府人员。

1927年1月5日，蒋介石发出通电："中央党部及国民政府暂驻南昌。"迁都之争实质是统一战线内部民主与独裁之争，是蒋介石即将叛变革命的重要政治征象。在这场政治斗争中，吴德峰站在党的立场上，为国民党中央党部及国民政府迁鄂积极奋斗。

1927年1月1日至13日，国民党湖北省党部第四次代表大会召开。针对蒋介石的5日通电，吴德峰积极配合董必武，促进会议于11日致电国民党中央，指责蒋介石自行改都南昌是"中途变更"，使"群情惶惑"，要求中央"长思熟筹，仍照前议，奠定邦基"，敦促留在南昌的中央党部和国民政府委员从速迁鄂，"以寒敌胆，而厚民气"。经过反复斗争，终于迫使南昌方面同意迁都武汉。国民党湖北省党部第四次代表大会选举了新的省执委会、监委会。他和董必武、孙科、徐谦等当选为执行委员。1月15日，大会主席团召开第三届执行委员会第一次会议，决定吴德峰为商民部长。

但是迁都之争的平息并不能掩盖革命阵营内部日益激化的矛盾。3月27日，吴德峰根据中共湖北省委的有关指示，召集武汉市公安局政治工作人员会议，针对反革命势力屠杀工农、破坏革命的情况，呈请国民党中央军事委员会总政治部，要求总政治部主持开展大规模的肃清反革命运动。军委会总政治部接受武汉市公安局的要求，于5月1日至9日在武汉开展肃清反革命周。9日，汉阳公安局破获一处反革命机关，抓获吴佩孚后防要塞司令夏威和反革命分子一人。10日汉口特别市公安局又抓获蒋介石侦探一人。武汉工人纠察队配合武汉市公安局还捕获一批蒋介石派到武汉进行侦探和破坏活动的人员。

中共五大会议旧址，今武汉市武昌区都府堤20号

4月12日，蒋介石在上海发动反革命政变。吴德峰在"四一二"前后多次听取周恩来等指示，采取各种应对措施。4月底，中国共产党在武

汉召开第五次全国代表大会。为了开好这次大会，吴德峰事先做了周密的调查研究和安排部署，他利用陈公博摸清了汪精卫的态度及武汉国民党右派的动向，以做好五大的保卫工作。五大开始在武昌第一小学进行，后改迁汉口济生三马路黄陂会馆举行。直到会议结束，代表们走完，国民党右派当局也未发现开会的地点。

5月，蒋介石乘武汉地区的北伐军主力出师北伐，后方空虚，指使四川军阀杨森驻宜昌的独立第十四师夏斗寅部偷袭武汉，妄图推翻国共合作的武汉国民政府。17日，夏斗寅部进逼离武汉仅有40里的纸坊，其他叛军也离武汉不远。武汉地区所有的革命军队都开赴平叛前线，负责武汉市城市治安工作的吴德峰，一方面要保证武汉市的社会稳定，一方面还注意在武汉市的国民党右派的动向。他每天召集有关人员开会，汇报、分析当天的形势，并根据情况采取针对性的措施，保证了武汉国民政府与平叛部队的后方安全。

吴德峰还利用自己的身份之便，积极开展工作，了解国民党右派的动向。当时国民政府主席是汪精卫，其妻陈璧君与陈公博结拜互称姐弟，陈公博也是武汉国民政府常委。吴德峰有意与陈公博搞好关系，表面上尽量做到“亲密无间”，目的是想借陈公博结识陈璧君、汪精卫。因此，他经常以公事、私事拉陈公博出入汪公馆，观察汪的动向、情况，及时报告中央。他发现汪精卫活动频繁、行动诡秘，已露出正在酝酿搞分裂阴谋的蛛丝马迹。为了进一步证实自己的判断，一天晚上，他借口找汪主席谈事情拉着陈公博一起去汪公馆，汪不在，陈璧君出来应付寒暄了一会儿就数次大声呼仆人倒茶，他马上明白按常规这是主人对客人下逐客令了，而陈公博自认是陈璧君的义弟，不以为然，继续侃侃而谈，毫无走意。吴德峰露出想走又无可奈何的表情，因为他不过是个随行陪客，走与否全在陈公博，他只能客随主便。陈璧君看其义弟根本不领悟她送客的本意，又不好当着他的面对其义弟直言，只好借故告退，任陈公博、吴德峰坐等。陈璧君走后，他提示陈公博问一下仆人汪主席哪里去了，何时回来，如果回得太晚就不要坐等了。从陈公博与仆人的对话中，他了解到汪精卫的去向和最近活动频繁的情况，汪每天大多都是深夜至凌晨才回来。突然，客厅的灯灭了，他明白这又是陈璧君再次有意搞鬼下逐客令，但死心眼的陈公博马上呼仆人掌灯点蜡。鉴于此行的目的已达到，他假装知趣地主动对陈公博说："陈兄，算了！现在时间不早了，看来汪主席今天搞不好又要通宵达旦，我们就不要打扰令姐休息了，改日再访。"就这样，他顺理成章地未留下任何探密痕迹。

八七会议旧址，今武汉市汉口鄱阳街139号

汪精卫的叛变是不以人的意志为转移的。1927年7月15日，汪精卫撕下蒙骗人民的"革命"面纱，在武汉实行分共，屠杀共产党人和革命群众。第一次国共合作终于全面破裂，轰轰烈烈的革命归于失败。

8月7日，中共中央在汉口俄租界三教街41号召开紧急会议，即八七会议。会议坚决纠正了以陈独秀为代表的右倾错误，确定实行土地革命和武装反抗国民党反动派的总方针，并把发动农民举行秋收起义作为当前党的主要任务。毛泽东在会上强调指出，"以后要非常注意军事，须知政权是从枪杆子中取得的"。八七会议在党的历史上是一个重要转折点，它给正处于思想混乱和组织涣散中的中国共产党指明了新的出路，为挽救党和革命作出了巨大贡献，中国革命从此开始了由大革命失败到土地革命兴起的历史性转变。

会议是在一片白色恐怖的气氛中召开的，保证会议的安全至关重要。吴德峰利用武汉市公安局局长的有利条件，千方百计地保卫会议安全。他事先做了周密的调查研究和安排部署，会议期间采取声东击西的办法，把国民党探子的视觉打乱，同时还安排自己的人在周围以询查户口掩人耳目，实施警戒措施，直到代表们走完，国民党反动派也未嗅出开会的地点。

智脱虎穴

七一五汪精卫公开叛变后，特别是中国共产党八七会议后，武汉地区的白色恐怖更加严重。这时，国民党内部的清党也公开化。国民党左派领导人邓演达因为反对蒋介石叛变革命破坏国共合作，主张对蒋介石征讨，被扣上“煽动暴乱”的罪名予以通缉。邓演达离开武汉时，要吴德峰也赶快转移撤退。此时，吴德峰同时也接到党组织的通知，要他尽快撤离公安局。但他对武汉形势和自身处境进行了细致分析，认为自己的秘密党员身份从未暴露，加之社会关系、家庭背景及自己与陈公博等人的交往关系，国民党右派可能还要利用他，不会马上对他动手。经党组织同意，他暂时没有离开公安局，而是坚守阵地，尽量争取时间，充分利用手中掌握的权力，更多更好地完成党组织交给他的保卫革命同志的重要任务。此后，他精心组织，认真准备，对于那些没有暴露可以隐蔽下来的同志，通过合法手续实行户籍登记，让其定居，长期隐蔽；对于无法隐蔽，需要及时撤退的同志，设法保证合法通行，从而为革命保护了一批同志。

但是，吴德峰毕竟不能容于国民党右派。武汉地区的国民党右派视他为国民党左派中坚分子，列为免职、铲除对象。因为他手中掌握公安局实权和警察大队的武装力量，所以国民党右派未敢贸然公开对他下毒手，而准备以“提拔重用，另有高就”的方式绑架他，并秘密逮捕之。他得到此消息后立即报告党组织，组织决定他相机撤离公安局。他在交接工作的那天特地安排了一个盛大的“送旧迎新大会”。会前，他悄悄通知警察大队全体人员持枪荷弹准时到会受阅，听局长训话。见此情景，新局长到会后，不敢轻举妄动逮捕他。会上，他慷慨激昂地致告别演说，重申了孙中山的新三民主义等革命政治主张，同时借题发挥地抨击了国民党右派反革命的罪行，高呼“中国国民革命必定胜利”的口号，向大家挥手告别：“再见！我还要回来的。”在一片鞭炮锣鼓和“欢送吴局长荣升”的喧嚣声中，他安然回家。他回家后，一面让家人发放赏钱、点烟、倒茶，他一面借宽衣告退，通过卧室出后门，在另一处地方更衣化装后，与等在江边的戚元德乘小划子到长江对岸。当国民党下令封江抓他时，他已安然到达汉口王慧闻、胡文裕夫妇家。吴德峰脱险后，国民党四处悬赏、捉拿。为了安全，他化名戚元道，住进党的秘密接头点，也就是他的未婚妻戚元德家。从此，他脱离了国民党，结束了国民政府武汉市公安局长的特殊经历，走上了新的革命征程。

大革命虽然失败了，但对吴德峰来说，大革命是一个重要的人生经历。在这场浩大的革命洪流中，他看清了国民党右派的反动实质，从而提高了政治鉴别力，增强了党的观念和党的意识，在以后的革命岁月里，无论环境多么险恶，无论任务多么艰巨，他总是能够坚信党，矢志不移地为党的事业而奋斗；也正是在这场浩大的革命洪流中，他提高了能力，锻炼了本领，初步成长为一位有勇有谋、能征善战的无产阶级先锋战士，这为他从事以后革命斗争，特别是从事隐蔽战线的斗争积累了丰富的经验。

三、转战鄂、赣、豫三省

中国共产党人是特殊材料制成的，愈挫弥坚是其优秀品质。大革命失败后，面对着反动派赶尽杀绝的屠杀政策，共产党人没有惊慌失措，他们勇敢地从地上站了起来，揩干净身上的血迹，掩埋好同伴的尸首，又投入了新的战斗，揭开了实行土地革命、走农村包围城市道路的新篇章。在土地革命的最初两年，吴德峰东奔西走，南征北战，先后在鄂南、赣北、开封等地从事革命活动，进一步丰富了革命斗争经验。

领导鄂南秋收暴动

八七会议后，秋收起义是当时党一切工作的中心，而湖北、湖南两省的秋收起义又是中心的中心。为就近指导湖北、湖南两省的秋收起义，临时中央政治局决定，中央机关暂不迁往上海，继续留驻武汉（中央机关在1927年9月底至10月上旬迁往上海）。中共中央原定湖北秋收起义以鄂北地区为中心，后因情况变化被迫改变。1927年8月中旬，临时中央政治局常委瞿秋白、李维汉和湖北省委书记罗亦农在汉口开会。根据变化的形势，比较各区的情况，一致认为鄂南山区条件优越，在鄂南实施暴动，既可以在政治上直接影响武汉，在地理上断绝武昌至长沙的交通及邮电，又可以造成湖南军队与政治的恐慌，遂决定调整起义部署，改以鄂南为中心，鄂中鄂西积极配合，发动全省总暴动，并制定了《鄂南农民暴动计划》。

领导鄂南秋收暴动的担子落在了吴德峰的肩上。他从国民党省党部、武汉市公安局撤出后，省委临时决定由他任中共湖北省委军事部长并任湖北省革命委员会主席、工农革命军总司令，兼任鄂南特委书记，领导鄂南秋收暴动。他接到省委上述任命通知，不顾危险，毅然立即走马上任。

吴德峰从武汉撤出时，未婚妻戚元德不能同行。临行前，戚元德的父亲担心局势不稳，他这一走，不知何时能归，恐婚期一拖再拖，提出他和戚元德结了婚再走。赴鄂南领导暴动的前一天，吴德峰和戚元德的婚礼在戚元德的舅舅家悄悄地进行，没有仪式，没有花轿，没有花烛，没有贺礼，更是没有一位宾客，只有戚元德的父亲、堂舅父和舅母等三位长辈的祝贺。他对岳父说：“我订婚前许诺要赡养您老人家，现在不可能了，我就要走了。元德在汉口也不能呆下去，不久也要走，我们不能孝敬您老人家了，等形势好一些，我们再回来接您。”岳父很开明，他理解并非常支持吴德峰所从事的事业，说：“我老了，不能拖累你们。你们有自己的事业，我身体还好，你放心走吧。”第二天凌晨二三点，他化装剃眉、缩腮改变脸型后，告别了新婚的妻子，由戚元德的堂舅送至距汉口较远的一个偏僻小火车站，乘车奔赴鄂南战场。

他到鄂南后，迅速组建了中共鄂南特委，全面负责武装起义的组织、宣传和发动工作。特委由吴德峰任书记，符向一、黄赤光、谢一环、王钟为委员，特委驻地是蒲沂县中伙铺。

大革命时期，鄂南农民运动开展得轰轰烈烈，党在此地有比较好的基础和掌握了一些由农民协会组织的农民武装。8月中旬，鄂南特委在条件部分成熟时，领导一些县区率先发动较大的农民暴动，拉开了鄂南秋收暴动的大幕。8月14日，崇阳农民暴动率先开始，农民自卫军惩处土豪劣绅，没收地主财物，乘胜进占县城。8月20日，崇阳农军与通城县党组织里应外合，诱开通城县城门，巧取县城，成立崇（阳）通（城）农民自卫军。后为避敌锋芒，暴动农军主动向湘鄂赣边境转移，在江西修水编入中国工农革命军第一师特务营，参加毛泽东领导的湘赣边界秋收暴动。8月30日，通山农民暴动，夺取县城，拘捕国民党县长及反动官吏九人，成立通山县工农革命政府。

1927年9月9日，鄂南农军夜袭中伙铺车站，打响了湖北秋收起义的第一枪。图为中伙铺暴动遗址

崇阳、通城、通山农民暴动沉重地打击了上述三县反动势力，鼓舞了农民群众的斗争勇气，为鄂南全境秋收起义奠定了坚实的战略后方。8月底，中共湖北省委书记罗亦农和吴德峰在蒲圻莲花塘召开鄂南六县党的负责人会议，决定在10日之内举行六县联合

暴动，将鄂南地区革命斗争推向高潮。9月6日，罗亦农和吴德峰再次在莲花塘召开各县党组织和农军负责人联席会议，宣布将各地农军统一整编为鄂南农民革命军，实行集中统一指挥，起义时间为9月9日。

9月8日，鄂南特委获悉将有一列火车由武汉开往长沙，内装子弹15000发，饷银30000元，押运敌军仅一班人。吴德峰和特委决定先行劫车以资军费，然后攻打蒲沂、咸宁县城。当晚，特委派黄赤光率300名农军夜袭中伙铺，夺取敌人枪械和银饷。中伙铺劫车获得成功。但此时，蒲圻、咸宁两县的情况却发生了变化。咸宁农军只能集中800人，蒲圻县城敌军守备力量突然增强，农民起义军无占领县城的把握。吴德峰和特委果断决定，改变原计划，不攻打国民党守备力量比较雄厚的咸、蒲二城，集中力量向反动势力相对薄弱的农村进军，同时将特委机关迁往蒲沂新店，准备与蒲沂县农民自卫团会合。

根据特委部署，9日，蒲沂四乡数万名农民首先破坏武昌至长沙的铁路，拆除铁路，砍断电线，炸毁桥梁，使羊楼洞至汀泗桥200余里铁路、公路陷于瘫痪，有力地牵制了敌人的军事行动。嘉鱼农军占领米埠镇，处决土豪劣绅，分发地主浮产。通山县工农革命政权控制了县政权，公开审判反动县长。正当鄂南农民暴动浪潮空前高涨的时候，发生了蒲圻县人民自卫团叛变的“新店事变”。蒲圻县人民自卫团系由警备队改编，团长刘步一是个惯匪。10日晚，早已被国民党收买的刘步一发动叛乱，杀害暴动的部分领导人及精锐武装。次日，鄂南特委在毫不知情的情况下，在转移到新店时遭刘步一的袭击，特委机关被打散，吴德峰带着特委机关的干部和部分自卫队员撤到附近的芦苇塘中，坚持了一天一夜，几乎弹尽粮绝，直到天黑，才冲出敌人的包围圈。9月中旬，国民党调重兵进攻正在围困咸宁县城的咸宁、通山、嘉鱼7000农军，暴动农军整整坚持40天，被迫向通山九宫山等山区转移，坚持游击斗争。

鄂南农民秋收暴动是中共八七会议后，湖北党组织领导的第一个大规模的农民暴动。鄂南秋暴遍及鄂南全区及鄂东三县，参加暴动的农民革命军和群众达10万余众，他们攻县城，成立政府，歼灭国民党军队及地主武装一部，处决土豪劣绅七八百人，是中共历史上的重要一笔。中共鄂南特委领导鄂南秋收暴动的实践，为湖北地区党组织继续领导全省各地的武装起义，积累了宝贵的经验。

鄂南暴动失败退到通山县九宫山地区后，吴德峰一面整编被打散的部队，一面总结经验教训。这期间，吴德峰多次回武汉向中央及省委汇报情况，分析起义受挫的主客观原因，如大革命失败后，中国革命处于最低潮，反动势力强大，而党在军事方面的人力、物力基础条件比较薄弱，攻打中心县城的时机和条件尚不成熟。同时，暴动实施过程中提出一些不切实际、不可行的命令和政策，比如，指挥员清一色的都是从外面调入，更有甚者连基层的班排长都不许本地干部担任，这样就脱离了实际、脱离了群众，削弱了原本就不稳固和不强有力的战斗团体，遇到突发事件一击即溃。

在赣西南与赣北

吴德峰从鄂南回武汉时，因为突围时在水塘里泡了一天多，患了急性关节炎，双膝红肿发烫，行走很困难，用德国生产的治关节风湿止痛膏药才治愈。1927年底，他接中央通知，到江西省任赣西南特委书记。这是他加入中国共产党、从事革命活动后，第一次出省担任领导职务。为何中央突然要身在武汉的吴德峰千里迢迢到赣西南任职呢？原来，此前中共江西省委致信中央，尖锐地批评中央对江西省工作的忽视，致使江西的革命运动没有开展起来，并强烈要求中央派得力的干部来领导江西的革命运动。大革命时期，吴德峰积极参加革命，提高了能力，经受住了锻炼，表现出了较高领导能力。中央机关在武汉工作一年多的时间，中央领导同志对他的品质、能力比较了解。因此，中央在接受江西省委要求的同时，决定派遣他前往江西工作也就不奇怪。

吴德峰到职后，立即根据中共江西省委秋收起义计划，领导赣西南地区秋收起义，在赣西南峡江、万安、永丰、吉安、莲花、兴国等十多个县，多次发动农民起义，成立了工农革命军第七、第九、第十五、第十六等纵队，为赣西南革命军队的创建奠定了一定基础。吴德峰在吉安时，给戚元德寄了一套风景画册，上款写“惇允（戚元德的字号）吾妹爱存”，下款写“铁哥（吴德峰当时化名吴铁峰）赠于吉安”，时间为：“一九二七（年）十二（月）八（日）”。该原件现在还保存完好，是他和戚元德爱情的象征，更是他从事革命活动的重要凭据。

仅仅在一个月之后，1928年1月，中共江西省委又调任吴德峰任赣北特委书记，特委机关驻地是庐山脚下的九江市。在这里，他见到了在九江的中共江西省委书记陈潭秋和陈的夫人徐全直，非常兴奋。这时，经组织同意，戚元德调到他身边工作。当时，戚元德已怀孕三个多月，不离开武汉恐引起敌人猜疑。1928年阴历年前，戚元德假称出嫁到上海，由其父亲和堂舅父陪同登上了去上海的客船，并中途下船去九江，而其父亲和堂舅父则继续到上海后才返回武汉。到九江后，这对革命夫妻才算团圆。吴德峰见妻子怀有身孕非常高兴。陈潭秋宣布，党组织已正式批准戚元德为中国共产党党员，同时代表组织祝贺吴德峰和戚元德的婚事。对他们来说，这真是双喜临门。党组织决定，戚元德以家庭主妇身份在赣北特委住机关协助吴德峰工作。为了使戚元德尽快进入角色，他给戚元德上的第一课就是住机关工作的性质、任务、重要性及如何对付敌人和应付环境、开展工作。他告诉戚元德，机关工作是在特定环境条件下完成的党的特殊任务的重要环节，它的成功与否直接关系到每一个革命环节的胜负、组织的存亡、战友的安危，要随时准备应付突发的意外事态、环境，要有为革命随时献身牺牲生命的准备。他说，一旦被敌人抓住，不管受何种

1927年，吴德峰从吉安寄给戚元德的北京风景画片

极刑，只要第一次咬牙顶过去就没事了，骨头越软，敌人期望值越高，越是对你无休止地严刑拷问，企图从你嘴里掏出更多的情况和线索，这是敌人审问犯人的规律和心态。他还指出，在秘密工作中，除本职工作外，不该问的不能问，不该管的事不能管，就是夫妻间也不能例外，不该知道的，知道的越少越好，否则害人、害己、贻害组织。

赣北特委管辖九江、永修、星子、德安、瑞昌及鄱阳湖等地区，特委委员包括吴德峰在内一共三人，吴德峰自兼宣传，秘书兼组织。主要任务是组织发动农民、陶瓷工人、渔民、码头工人开展革命斗争。九江市是国民党严密控制的地区之一，为保证特委机关的安全，吴德峰按秘密工作规定，安排特委委员不住在一起，相互之间不知道住处，也不发生直接联系。他的地址连特委秘书也不知道，只有秘书的妻子知道。一般情况下，按约定的时间地点接头和碰头，特殊情况由戚元德和特委秘书的妻子与他们联系。特委与辖属的市县联络，由专人单线联系，与省委的联系，由特委秘书专门负责，决不允许发生横向联系。

吴德峰初到赣北时，当地党组织的机构很不健全，群众基础也很薄弱。他任赣北特委书记后，第一件事就是组织特委干部深入到各区、县组织发展党员，建立农民代表会。经过艰苦细致的工作，党员很快发展到上千人；各区、县组织机构基本建立健全，组成了农民代表会，开展了打土豪分田地，铲除敌人“靖卫团”；在城市，组织产业工人运动；同时，宣传鼓动扩大党的武装，建立了赣北游击队和区、县赤卫队。1928年春节后，特委组织了德安县“元宵暴动”，粉碎了德安、九江两县“靖卫团”对游击区根据地的进攻，还攻打了太平堡“靖卫团”，袭击了国民党保安处军械汽车运输队，开展了小规模的游击战争。

八七会议后，中国共产党领导秋收暴动，开展武装斗争，实现了斗争形式的转变。然而，这时的中共中央并没有认识到革命形势已经转入低潮，而是错误地估计形势，不顾主客观条件，盲目地要求一些地区举行武装起义。因此，党内的“左”倾情绪逐步滋长起来。4月，中共中央临时政治局发出通知，承认党内存在“左”倾盲动错误，并指出争取群众、建立城乡群众组织、巩固与健全党的组织是当前最重要的工作。至此，这次“左”倾盲动错误在全国范围的实际工作中基本停止。5月，根据中央新精神，吴德峰组织赣北特委讨论研究特委今后的工作部署安排，强调重点要发动组织群众，巩固健全党的组织，准备工农暴动胜利的条件。尔后，特委派特委秘书前往南昌向省委汇报工作。不幸的是，恰恰就在这时党内出现了叛徒，牵连九江县委和省委同时遭到巨大破坏。特委秘书到省委后返回途中到联络点未发现危险信号，进门后就被捕，随即叛变，供出赣北特委的情况，并出卖了自己的妻子。国民党特务按他供出的地址到九江秘密诱捕其妻，妄图把赣北特委一网打尽。谁知，秘书的妻子是位坚定的共产党员，知道丈夫叛变后，假装顺从，表示愿与丈夫一起“投敌效力”，但假说孩子在邻居家，要找回来一起带着走，敌人信以为真，同意她去街坊家接孩子，她借机从邻居家后门逃脱，立即找到吴德峰的家。他得知情况后，立即拿钱让她买车票暂时转移回乡隐蔽，等待组织联络。吴德峰和戚元德则立即处理销毁文件、放出危险信号（吴德峰选择危险信号物的原则是生活常用的，不引人注意的物品。平时固定放好，家人、客人都不可能随意碰、动，放置的地方显而易见，同时发生问题时操作报警便易。当时，他设置的信号物是放在内窗台屋外均可看见的花瓶及放在外窗台的花盆，缺一即警示不安全，在屋内屋外均可随手操作）。随后他仅挟了一个上班用的公文包，戚元德只提了一个平常上街用的小手提包，与房东打了一个招呼说，出去一趟晚饭前回来，如有人找，请他五六点钟再来，说罢就弃家而走。出门后即分头立即通知特委其他同志转移，并掐断了与他们联系的所有关系。

当时，戚元德已怀孕八九个月，行动不便，吴德峰改姓张，将戚元德安置在一家隐蔽的平安旅馆后，只身去南昌找省委汇报情况，到南昌后，才知道省委机关也遭严重破坏，剩下的人已全部转移。他因找不到人，只好立即返回九江，经组织批准，直接去上海找中央汇报发生的问题。这时他们身上带的钱已经不多了。他当机立断，给在武汉的继母发电报说：“儿病重，急用钱，请母乘船至九江。”吴德峰父亲早逝，继母无嗣，视吴德峰为己出。继母聪明过人，心有灵犀一点通，立即按照电报暗语带着老妈子、丫头、听差威风凛凛地赶到九江码头，与候在码头的吴德峰相会。

吴德峰夫妇和继母三人当即买票乘船前往上海，老妈子、丫头、听差等佣人被继母全部打发回了武汉。7月7日，他们一到上海，戚元德就临产，住进一家私人医院，生下儿子吴爱生。初到上海，吴德峰基本上白天不出门，或在家睡觉，或叫别人买一些报纸在家看，以寻求找组织关系的线索。天黑后，他则经常去大世界、永安公司等地方转，以期碰到自己的同志。一个月后，终于在大世界门口碰见了也到上海联系工作的聂荣臻，这才找到组织接上关系。随后，他又见到陈潭秋和徐全直夫妇，才知道他们已调中央工作。

开封除奸

到上海后，周恩来找吴德峰谈话，要其留中央军委任交通科科长。工作不久，吴德峰即接到中央通知，任河南省委常委兼军委书记。当时河南省的党组织因叛徒出卖，处于非常危险的境地，叛徒、特务云集开封，破坏共产党的组织，到处追捕杀害共产党的地下工作者，整个党组织几乎全部瘫痪。中央要求他协助河南省委书记张景增组织人员消灭叛徒特务，恢复重建河南省党的地下组织。

1928年8月底，正是夏末秋初的时节，吴德峰和戚元德送走继母后，立即乘火车前往河南省会开封。碰巧在车上碰到赴河南任郑州市委书记的郭述申。他们在湖北就认识，吴德峰曾任国民党湖北省党部执行委员，兼任过工人部长、军事部长、商民部长等职，而郭述申曾任过国民党湖北省党部宣传部秘书，相互之间多有接触，也很熟悉。尽管坐得很近，但因为组织纪律和秘密工作的需要，只是点头示意，未交谈，因此双方并不知对方到河南的任务，到开封后就分了手。

到开封站后，吴德峰的四弟吴士特（吴元泽的儿子）身着国民党军官服携罗氏弟妹，带着勤务兵在车厢门口接吴德峰和戚元德。当时吴士特任冯玉祥33集团军开封留守处的负责人，于是吴德峰夫妇便随他到留守处招待所同四弟妹独居一处。由于有吴士特的掩护，他很顺利地与张景增等人接上关系，并立即开展工作。吴德峰夫妇与罗氏弟妹相处非常融洽，但考虑到秘密工作的方便与安全，他们又另寻租了一套合适的房子。该房子分前后两个院子，前院以吴德峰夫妇住家的名义租用，出入走前门；后院则以他人的名义租用，出入走后门；表面上中间的门是关死，不开启的，成为两个独立的院子，实际上则根据工作需要，可以随时开启。由于前后院过去长期是一家租用的，所以查户口的人总是敲前院的门，忽略了后院还有一家人，因此从未查过后院。这就为吴德峰开展工作提供了很大的方便。

吴德峰与张景增接上关系后，立即组建“打狗队”，消灭那些罪大恶极、猖狂至极的叛徒、特务，斩断敌人的魔爪。“打狗队”员都是经过精心挑选的忠实的工农战士，多是山东、河南人，个个都身强力壮，身手不凡。枪支弹药等武器都是从外地借助吴士特的特殊身份、条件（人和车）运进住处的。吴德峰以商人的面目白天出外工作，布置人员收集情报、跟踪叛徒特务，摸清他们的行踪、住处、活动规律，晚上回家后，则精心研究具体实施计划和行动方案。戚元德以商人太太的身份带孩子、上街买菜、操持家务，实际任务是住机关、接头、交换情报、应付情况，并照顾“打狗队”员们的饮食、起居、生活、安全，做后勤管理工作。“打狗队”员多是白天睡觉，晚上行动，深更半夜甚至黎明前才赶回来。回来后，戚元德立即将他们脱下的血衣洗干净，用烘笼烘干，把撕破的衣服缝好，给受伤的人包扎伤口。当时环境非常艰苦，经费十分有限，生活费非常少。每天的生活费只够买粮、油、盐和咸菜等。山东、河南人爱吃葱、蒜、辣子，特别吃辣子很厉害，每顿用水、盐、葱花拌一大海碗都不够吃，吴德峰就自己拿钱出来给他们买，隔几天还设法买点肉给他们开开荤、打打牙祭。这样一来，生活虽然很艰苦，但都能像一家人一样，互相关心，互相体谅，从没有引起过任何问题和麻烦。通过一段时间的紧张战斗，吴德峰领导的打狗队消灭了几个罪大恶极的叛徒、特务，敌人的嚣张气焰被打了下去，再也不敢胡作非为明目张胆地在街上公开搜捕、杀害共产党员，党的组织也逐步重新组建和恢复起来。

正当工作取得一定进展和成效时，从吴士特处得知国民党将吴德峰任武汉公安局长时，曾任过武汉公安局警察大队长的侯镜如等派到河南来对付共产党。听到这个消息后，他十分镇定，一方面立即将此情况报告省委，并报中央，一方面有计划地将大部分特工人员疏散，仅留三四个人坚守岗位，听候中央通知。中央当即决定吴德峰立即撤离开封回上海工作。他离开前夕时分析，侯镜如等不认识戚元德，决定暂留戚元德坚守岗位，应付局面，将所有的关系掐断，待所有同志都安全转移后再最后撤退。

12月，吴德峰返回上海。没有吴德峰的领导和同志们的支持，戚元德单独留守去完成如此艰巨的任务，一时心情复杂，既有信心又有些担心。吴德峰好像看透了她的心思，鼓励说：“允妹，现在情况非常紧急，为了党的工作和同志们的安全，不得不留下你单独进行善后工作。你头上没有贴着共产党员的标签，你装作无知无识的家庭妇女，带着孩子应付敌人，不易被敌人发现。凡事要沉着勇敢，水来土挡、火来水淹，没有应付不过去的，我在上海等你安全回来。”在一旁的林育南感慨地说：“做一个共产党员艰难，做一个女共产党员更艰难。”见大家都鼓励自己，戚元德斩钉截铁地说：“我们一定会在上海再见。”

戚元德的工作完成得很顺利，所有的往来关系都掐断，同志们全部安全转移。当她怀抱着吴爱生安全回到上海时，吴德峰专门到车站迎接。这对革命的夫妇经历了一场血与火的考验，短暂的离别后，又在黄浦江边开始了新的更为惊心动魄的战斗。

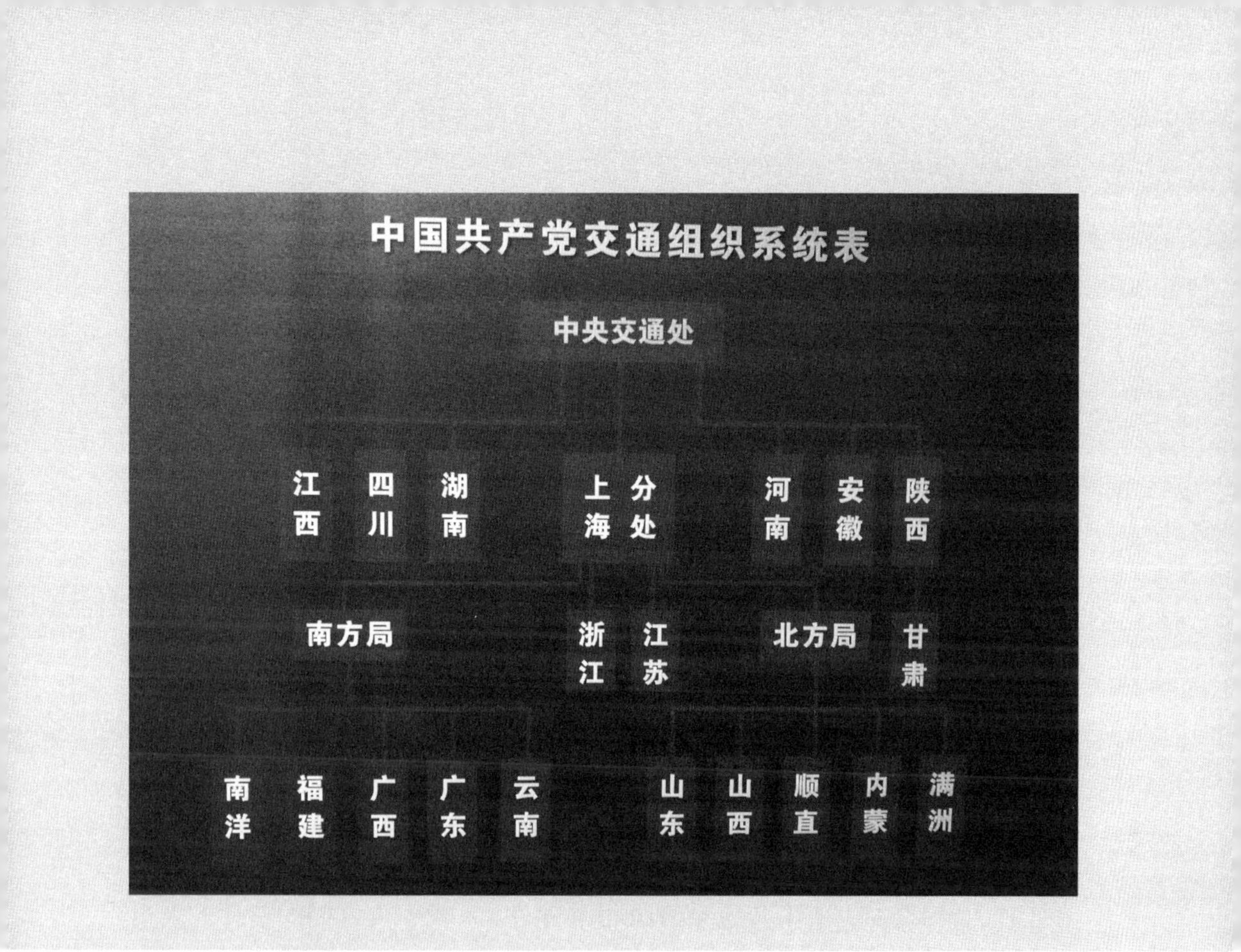

四、秘密交通工作的创建者

新民主主义革命时期，党内秘密交通是一条特殊的战线。它所担负的主要任务是传递党的各级组织之间互相来往的文件、护送党的干部、运送特别物资和党的经费等。由于在新民主主义革命的绝大部分时间里，中国共产党不被允许合法存在，党内交通工作一开始就处于秘密的、非法的地位，斗争异常复杂、工作异常艰辛。吴德峰服从党的安排，走上了地下秘密战线，为保卫党中央和中央机关的安全，为沟通中央与革命根据地的联系，为开创党的秘密交通工作，作出了杰出的贡献。他是新民主主义革命时期中国共产党秘密交通工作的创建人、隐蔽战线杰出的领导人之一。

打通党内交通线

党内交通工作与我们党相伴而生，并随着党的工作的发展而发展。1921年7月，我党第一个领导机构——中央局成立，陈独秀为书记，张国焘、李达分别为组织主任和宣传主任，中央机关除三个领导人外，没有其他办事机构和工作人员。党成立后，各地党组织相继建立，与党中央之间的信件和人员往来日渐频繁。同年年底，中央局利用共产党员茅盾（沈雁冰）在商务印书馆编辑《小说月报》的合法有利条件，决定由他担任直属中央的联络员。茅盾是我党的第一个交通联络员。他的任务是，负责把秘密邮寄给党中央的文件传递给党中央，并负责外地党组织来人的秘密接头工作。1924年5月，党中央决定党的地方委员会组织部应配备“交通”的职务，其任务是发送秘密宣传品、组织群众大会及示威运动等。1925年1月，党的四大通过的组织问题决议中，把传播党的宣传品作为组织部的重要工作之一。同年初，在组织部内设立交通处，并配置了交通干事。这是根据迄今发现的史料中记载我党的第一个秘密交通机构。交通处负责党中央对本地和外地，以及对共产国际进行文件和宣传品的传递等全部交通联系工作。1925年4月，党中央发出中共中央第二十八号通告（即《关于建立健全党内交通问题》）指出：“这种工作在组织上的重要，等于人身上的血脉，血脉之流滞影响于人的生死。”通告规定了党内一切交通员的七项职责和活动办法。在党的扩大执行委员会决议中提出：“地方委员会由三人组织之，委员长兼宣传部，秘书兼组织部，组织部之下另有‘统计分配’及‘交通’的职务，第三人管理工农部。”“交通”配备内部交通员和外部交通员。内部交通员负责中央机关和中央所在地省委间文件和秘密宣传品的传递，接待来往人员，进行党的会议的保卫、接待工作，必要时参与情报递送等任务；外部交通员负责中央与各省市的交通工作。中共中央在武汉召开的八七会议，强调了党内交通的重要性，在会议通过的《党的组织决议案》中指出：“中央临时政治局应建立全国秘密交通机关，与出版委员会的散布宣传品的相互联络，担任传达通告指令输送宣传品等职务，并兼办探听反革命线索及其他各种消息各地环境的特务工作。各省亦应有此等机关之组织，务使本党有一个全国的交通网。”8月21日，中央发出《中央通告第三号》，对建立全国交通网作出具体部署，9月底10月初，党中央从武汉迁往上海的，很快就在中央建立交通科分内埠交通（即内部交通，简称内交）和外埠交通（即外部交通，简称外交）。此后至1928年底，党内交通部门初步地建立起中央通往各省，各省通往各县，各县通往各乡的交通，构成一个党的全国交通网。其中，中央到各地的线路主要有三条：一是从上海至天津和北平，称为北方线；二是从上海至汉口，称为长江线；三是从上海至广州，即南方线。

1928年底1929年初，中国革命出现了新的变化，这就是党走上了发动农民开展游击战争，实行土地革命，建立革命政权，进行武装割据的道路。继井冈山根据地之后，党又陆续创建了赣南闽西根据地、湘鄂赣根据地、湘鄂西根据地、鄂豫皖根据地、闽浙赣根据地、左右江根据地等，革命的星星之火已成燎原之势。这对党内交通工作提出了新的更高的要求。党中央决定加强党内交通工作。吴德峰就是在这种形势下走上党内交通工作领导岗位的。

1928年底，他从河南回到上海。中共中央政治局常委、中央组织部部长周恩来代表中央与他谈话，要他继续担任中央军委交通科长。1929年4月调任中央外交科，负责与各红色根据地的交通联络。中央与各根据地之间远隔千山万水，中间要经过无数道敌人的封锁线，联通彼此之间的交通是十分艰巨的工作。他没有丝毫退却，迎难而上，以极大的精力适应新的工作。

外交科的首要任务是为党中央服务。当时中央在上海，这是一个白色恐怖笼罩的城市，中央与各省和各根据地的联系非常不易。外交科核心的任务就是要打通中央与地方的联系，使中央的指示及时、有效地传达到各地，使各地的请示报告及时、有效地反馈到中央。他对原来的北方线、南方线、长江线三条主要交通线进行调整，又从各省市选调干部，充实交通员力量。在各省委的帮助下，外交科在两个月的时间里，把中央局与各省的交通健全起来；联络员和交通员都按交通路线分工，形成比较严密的工作体系，从而建立起联络各区域内的交通网络，形成环环相扣的交通网。

当时上海地区设有几十个机关、团体（军委、组织部、宣传部、秘书处、妇委、兵委、工委、青年团、互济会、党报、江苏省委等），团体之间的联系与沟通都安排内交完成，当时内交由秘书处推荐专人负责。交通人员均由各地区、部门推荐，组织部门审定，交通部门派任。人员垂直领导单线联系，有严格的组织纪律、保密规定，绝对不允许私自交往发生横向交错关系。

在吴德峰的领导和组织指导下，外部交通员长途奔波，机智灵活地以超人的勇敢精神胜利完成各项任务。根据中央秘书处1929年的统计，一年内由中央秘书处一家发往各地的文件就有5523件，各省经过交通员送到中央的文件达4687件。中央和各地出版的报刊发送和传递量尚未统计在内。中央外交科还肩负着给共产国际传递文件的任务，如1930年10月19日，《中共中央秘书处给共产国际东方部的信——送去的文件要目及说明》中说：此次送上的文件，有8月14日对目前时局的宣言，有中央对长江局的几个指示信，有中央通告，有六届三中全会文件的一部分，有全国苏维埃代表大会中央准备委员会文件等40余份。据统计，吴德峰负责外交科工作后仅7个月的时间（1929年5月至12月），通过外交科送给共产国际的中共中央文件就达570余件。

在外交传送的文件中，有许多是特别重要的。比如，1929年2月7日，中共中央根据共产国际领导人的意见，致信红四军前委，要求“将红军的武装力量分成小部分的组织散入湘赣边境各乡村中进行和深入土地革命”，认为只有这样才能“避免敌人目标的集中”；并要求朱德、毛泽东“离开部队来中央”，以免“徒惹敌人更多的注意”。毛泽东接信后于4月5日起草了红四军前委复中央的信，指出中央二月来信“对客观形势及主观力量的估计，都太悲观了”；要利用蒋桂两派军阀争取江西的时机，积极进取，采取“争取江西，同时兼及闽西、浙西”的战略方针。前委在信中还指出：“半殖民地中国的革命，只有农民斗争不得工人领导而失败，没有农民斗争发展超过工人势力而不利于革命本身的。”后来由于蒋桂战争爆发，中央改变了二月来信中所提出的一些意见。中共中央和红四军前委之间的信函往来就是由党内交通进行传递的，如果没有党内交通，毛泽东的重要意见就很难反映到中央。

因此，毛泽东非常注意与党中央的交通联系，而这也正是吴德峰要努力做到的。1928年1月井冈山根据地成立前敌委员会之时，党中央与前委间的交通联络，主要由湖南省委交通局负责组织沟通。1929年在赣南闽西建立根据地后，由江西省委交通局负责组织与党中央的联络线。1930年上半年毛泽东委派卢肇西前往上海，向党中央请示建立交通线，得到党中央的同意。在吴德峰和交通科（局）的大力支持下，苏区成立了工农通讯社，总社设在瑞金，对内称“苏区交通总站”，对外称“工农通讯总社”，粤东和闽西设有分支机构，工农通讯社的主要任务是沟通党中央和各苏区间的交通联系，在苏区边缘地区，与党中央派来的交通，或外地区的交通衔接，办理传递文件，护送干部，运送物资输入根据地。

吴德峰领导的交通局还负责筹集、运送物资特别是黄金、银圆、钞票、电讯器材……1930年秋冬，他亲自到鄂东特委书记胡梓处取回一批巨额（十斤）黄金回上海。以往党中央的经费主要靠共产国际通过上海的德、法银行汇入，但从1929年下半年开始，资本主义世界空前规模的严重经济危机，加上希特勒上台进行法西斯统治，共产国际通过上海德、法银行给中央提供经费越来越困难。党中央不得不经常通过中央交通局到苏区提取打土豪劣绅没收的黄金、珠宝、现金。1930年夏，交通员卢伟良从闽西带500元光洋到香港，为避免敌人发现，他在自己两个手臂上各缠250个，外面再套上衣服。当日天气炎热，光洋把手臂磨破了，但卢伟良泰然自若，闯过重重难关，到达香港时，内衣都被血肉粘住了。

在解决苏区物资供应的问题上，吴德峰领导的交通局创造了开铺子的办法来解决。苏区缺什么物资，就开什么铺。需要药品、布匹、电料器材等，就开相应的铺子。这样既解决交通站的问题，又可使采购物资避免敌人发现。交通员不一定知道哪个铺子是我们开的，但可告诉他到哪里去进货更为便利。铺子里的人，也不一定知道谁是苏区来的人，只要按一般情况做买卖就行。有时光靠外交工作的同志完成不了开设店铺的任务，这时他就报请中央考虑，由“特科”去完成任务。交通员和“特科”的同志，有的互相了解，有的并不通气；是互相了解好，还是不通气好，这要看具体情况决定。当时，中央苏区严重缺乏药品，交通局就利用社会关系，在汕头开设了一间中法药房分号，名声、规模都很大，可进很多药品，满足了中央苏区的大量需要。

当时的物资运送得到人民群众的大力支持。运送的种类很多，有布匹、食盐、西药（包括医疗器材）、纸张、无线电器材、印刷工具、军用修理机械等。永定交通站就是一个物资转运中心。物资水运至青溪上岸后，由交通站负责保卫，依靠群众去挑。当时的群众都有组织，只要一通知，谁也不会推辞，即使是刮风下雨，严寒酷暑，三更半夜，也都很自觉地参加这项工作。有些群众甚至一看见黑衣服、背着驳壳枪的同志进村，就准备好工具等待出发的通知了。开始时一般是夜间运送，后来分为日夜两班接连接着干。日班在苏区内，夜班则来往于红白区交界地。当时广东的青溪、多宝坑是白区，只能夜间去，不能点火，也不能说话，黑夜中互相以暗号联络，摸索行走。从青溪到古木督来往一趟足足90多华里，当天晚上就得赶回古木督，但群众从来不叫苦、不懈怠。

根据形势发展的需要，1930年7月，党中央决定在上海的中央军委建立交通总站，由吴德峰负责，时住军委秘书处。9月中共六届三中全会后，为加强党中央同革命根据地的联络、并通过党内交通给中央苏区等革命根据地以人力和物力方面的支援，于11月成立直属中央政治局的中央交通局，并将中央外交科和中央军委交通总站归并于中央交通局。交通局由周恩来、向忠发、李立三、余鸿泽、吴德峰组成的中央交通工作委员会领导，吴德峰任交通局局长，负责日常领导工作。在周恩来的指导下，在吴德峰的领导下，中央交通局在三个月内打通中央至中央苏区瑞金的交通线，随后又打通至湘鄂西、赣北和鄂豫皖等苏区的交通。

1930冬，中央交通局开通上海至中央苏区的第一条路线。这条路线由上海至汕头，经澄县、饶平县南岗镇、福建平和县、大埔县、永定县等地。1931年春，中央交通局开通上海至瑞金的交通线计有：西部交通线，从上海到武汉，经湖南株洲，进入湘赣边苏区，转入中央苏区；东部交通线，由上海至浙江衡州，经常山、玉山一带进入赣东北苏区，转入中央苏区。1930年底至1931年春建成的上海至香港、经汕头、潮安、大埔、青溪、虎岗等地进入瑞金的路线，是当时党中央与中央苏区联系的主要交通线。这条路线的具体走向，在1931年7月第三次反“围剿”以前是：上海（乘船）—香港（乘船）—汕头（乘火车）—潮安（乘电船）—大埔（既茶阳镇，乘电船）—多宝坑—永定铁坑—桃坑—永定城—合溪圩—虎冈—龙岩大洋坝—坑口—上杭的白砂—旧县—南阳—长汀—涂坊—四都—茶坑—瑞金。在这条线上凡有工农通讯社设分支机构的地区，由工农通讯社的内线交通员负责护送或运输，其余由中央交通局在外线负责护送或运输。第三次反“围剿”后这条线作了相应的调整和变化：上海—香港—汕头—潮安—大埔—青溪—多宝坑—丰稔市—庄芬—太拔—茶地—白砂—旧县—南阳—涂坊—元亨—河田—汀州—古城—瑞金。

为了保证这条中央交通线路的安全畅通，1931年3月，吴德峰召集卢伟良、肖桂昌、饶君强、潘云波等在交通局开会，制定了建站任务和各项具体措施。经过努力，中央交通局在去中央苏区的线路上形成了若干个大、中、小配套的交通点。交通大站两个：香港大站和闽西大站（设于永定县的虎岗乡）；交通中站三个：汕头中站、清溪中站（设于大埔县的青溪乡）和合溪中站；交通小站多个，包括多宝坑站、永定铁坝站、桃坑站、永定城关站、龙岩大洋坝站、坑口站、上杭的白砂站、旧县站、南洋站、长汀涂坊站、四都站、茶坑站等。此外，中央交通局还在汕头设有一个绝密交通站。以上各站的领导关系是：香港大站和汕头绝密站，受中央交通局和吴德峰直接管辖，闽西虎岗大站受中央交通局和闽西地委双重领导；大站下管中站，中站管小站。每个交通站的人数不等，如闽西大站有20多人，10多支手枪；青溪中站有10余人；小站3人至4人，也都配有手枪。交通站内的人事和业务工作由交通站自己管理，但一般先与地委、特委、县委商量好，比如要调多少赤卫队和群众支持等。

中央交通局华南线，即南方线，1931年吴德峰分配香港大站负责人负责，并兼管党中央和福建、浙江的交通联系。吴德峰自己兼管华北线，即北方线，它通达的地区有：由上海到天津与北方局联系；上海经郑州、驻马店转入鄂豫皖苏区；由上海至河南，与陕西省委联系；上海直去北平，与河北省委联系，河北省委与河南、山西、察哈尔省委又有交通联系；上海与满洲省委的联系等。长江线的路线有：从上海乘浙赣火车，在衢县和上饶间的常山一带进入赣东北苏区；从上海经合肥、六安到达鄂豫皖苏区；上海乘轮船到武汉，转粤汉铁路到株洲一带，进入湘赣苏区，再转入中央苏区；从上海经沙市、宜昌一带转入湘鄂西苏区；向西的交通经重庆到成都，与四川省委联系。以上各线均有专门的交通员，派去苏区的交通员，并不进入苏区中心，而是在赤白交界处国统区一边的秘密交通站内，将文件、物资、金条和进出的干部在交通站交接。

中央交通局成立之后，在局长吴德峰的领导下，成绩斐然，为党的交通工作奠定了坚实的基础。

冲破封锁护送干部

革命时期，党的干部流动性很大，流动频率很快，往往需要在很短的时间内从一个地方到另一个地方工作。由于白色恐怖严重，这种转移是非常困难、危险异常的，不少同志就是牺牲在转移路上。中央交通局成立之后，一个很重要、很艰巨的任务，就是护送干部。这些干部中，有的要从上海的党中央到各个根据地特别是中央革命根据地，有的要从各个根据地到上海，还有的要从莫斯科回国或前往莫斯科。为了完成这些任务，吴德峰及其领导的党内交通机构及广大交通人员，历尽千辛万苦，远涉千山万水，千方百计地把党的干部送往四面八方，使他们安全到达目的地，从而在中国共产党的历史上留下了光辉的一页。

从1930年开始，中央交通局通过各交通线护送领导干部到中央苏区，规模较大的有三次。第一次是1930年交通线开通之初，为巩固和扩大苏区和红军，增强苏区干部力量，党中央抽调一批干部到苏区工作，这批共100多名各级领导干部，其中有项英、任弼时、徐特立、邓发等，由莫斯科回国的有肖劲光、刘伯承、伍修权等；第二次是1931年顾顺章叛变后，党中央和在上海工作的干部受到严重威胁时，先后有贺诚、梁广、罗明和谢小梅夫妇、陆定一和唐仪贞夫妇、邓小平、金维映、王首道、李文如、李克农、胡底、钱壮飞、刘少文、贺昌、葛耀山、毛泽民、谢育才、余泽鸿夫妇、李家富、李文海、庄振凤、李富春、杨友青、阙思颖、周恩来、何叔衡、聂荣臻等转移到苏区；第三次是1932年到1933年初，中共中央临时中央政治局由上海迁往中央苏区，钱希均、蔡畅、邓颖超、李一氓、刘晓、沙可夫、吴亮平、钱之光、刘少奇、杨尚昆、张闻天、博古等近40名干部转移到中央苏区。还有兵工厂、制弹厂、造币厂、印刷厂等的技术工人多批。以上三批护送行动都凝聚着吴德峰的心血，前两批是吴德峰亲自部署领导的，后一批吴德峰也是作了精心具体安排后，交继任局长陈刚继续实施完成的，这是他对党对中国革命作出的重要贡献。

有许多护送行动堪称惊心动魄。张闻天1931年初回国即是如此。张闻天是我党早期党员，1925年受党的委派到莫斯科中山大学学习，回国后长期担任党的重要领导职务。他回到上海是我党驻莫人员由党内交通安全护送的一个缩影。

张闻天是1931年1月份离开莫斯科的，和他结伴而行的是他的好友杨尚昆。张闻天和杨尚昆从莫斯科乘火车沿西伯利亚铁路向东行驶，在离海参崴不远的双城子（乌苏里斯克）下车，又马不停蹄地换乘驶向绥芬河的列车。

留苏时期的张闻天

留苏时期的杨尚昆

在绥芬河有一个秘密交通站。张闻天和杨尚昆在这里吃了一顿热气腾腾的晚饭，并脱下了身上的西服、大衣和皮鞋，换上中式的棉袍、棉鞋。为免途中遇到检查时引起麻烦，他们把随身物品全部留在了交通站，杨尚昆甚至把女友李伯钊的相片也付之一炬。交通站还发给他们每人一根腰带，内中缝有途中使用的钱，包括三种纸币：从绥芬河至哈尔滨，使用“哈代”（哈尔滨地区流通的代价券；长春至大连，坐南满铁路，使用的是日本的军票；大连到上海，乘坐中国招商局的轮船，通用国民政府的货币。交通站的同志叮嘱：缝在腰带里的钱是一段一段分开的，用时拆开就是了；钱数比路费多一些，是准备你们到上海后万一找不到组织关系时的生活费。张闻天和杨尚昆听后大为感动。

因为没有护照，张、杨是偷越国境的。挨到天黑后，交通站安排一个向导领着他俩，坐了一段马车，然后踏着很深的积雪，翻山越岭，来到一个苏军的巡逻兵哨所。路上越走越冷，直到进入哨所，烤了一会儿火，才缓过神来。晚上10点左右，张、杨跟向导出了哨所，下山来到绥芬河附近的铁路旁，一个住在哈尔滨的俄国人前来接应。三人来到中苏边境，中国边境哨兵问：“哪儿来的？”“山后来的。”向导沉着地回答。哨兵见此就不再问了。

张闻天、杨尚昆顺利抵达中国的边境小镇——五站。五站有一家卖香烟、火柴的小商店，是党的秘密联络站。他们在小店里美美地睡了一晚，第二天就搭上了开往哈尔滨的火车。就在他们走后不久，这个联络站就被破坏了。在哈尔滨作短暂停留后，张闻天、杨尚昆又乘车到长春。到长春后，两人改坐火车沿南满铁路前往海滨城市大连。在这里，他们匆匆登上驶往上海的轮船。经过一天两夜的颠簸，于2月7日到达上海。

当时，从莫斯科回来的同志的联系办法，是同往康脑脱路（今康定路）上的一个摆出租小人书摊的姓朱的同志联系。莫斯科回来的同志到这个书摊看小人书，就把所住旅馆、所用姓名、接头暗号等写在纸上，随手夹在小人书里，看书摊的朱同志就把它收起来。当时负责与朱同志接头的是交通员李培南。他每天晚上去朱同志的住处一次，将来人的地址取回，次日即去旅馆接头，解决他们的生活和旅馆费用问题，随后再将地址和接头办法转交给中央组织部。事过半个世纪，李培南对接待张闻天仍然印象较深，他在回忆录中写道:“大概是1931年初，当时天气还很冷，我到旅馆和张闻天同志接上了头。接头后，他将真实姓名告诉了我(当时在旅馆只能用假名，但接头之后，每个同志都必须将真实姓名告知，以便转告中央)。我一听‘张闻天’这三个字，觉得很熟悉，因为我还在师范读书时就读过他的小说《旅途》。当时，张闻天同志把羽套在长袍外面，脚穿胶鞋，在那样的冷天里，很不合时宜，容易引起特务注意。我和他接上头后，就给他钱买衣服和鞋袜，并把关系转给中央。”这样，张闻天终于回到党的怀抱。

老一辈革命家伍修权后来说:“表面上看来，吴德峰夫妇仿佛闲居在上海，实际他们的工作是一条通向全国以至国外的秘密交通总干线。每一位同志来上海和党中央联系，每一件情报和机密文件的传递，每一项重要物品的输送，都要经过他具体组织，甚至亲自执行。他在多年的秘密工作经验基础上，制定出一套适合当时情况的秘密工作纪律、原则和方法。他审时度势，艰苦卓绝地完成了一项又一项的艰巨任务，为掩护输送国内外革命同志进出敌占区，安置与接待党的干部作出了不少贡献。”伍修权对吴德峰作出这番评价是有说服力的，因为他就是历史的经历者和见证人。他回忆道:

我和黄火青等同志从苏联回来，都是在上海通过吴德峰接上关系，并由他派人护送到苏区的。记得我们从苏联到上海后，按照规定的暗号到了一个旅馆，等待党组织派人来接关系。这时正是顾顺章叛变，我们党的组织进行了改组。过了一个月的时间我还没有和组织取得联系，实在心烦意乱，到南京路逛马路时遇到比我早一点回国，过去曾在远东伯力搞情报工作的张振亚(即张存实)，他问我找到党的关系没有?我说还没有，托他想办法帮我接关系。他说给我想办法，我就把我住的旅馆号码告诉了他。过了几天，吴德峰同志就亲自到

红军时期的伍修权

旅馆，找我们两个一同回国的同志分别谈话。他说，组织上打算派你回武汉工作，我考虑了一下说，我回武汉不适宜，因我是武汉土生土长的，那里的青年小伙子认识我的很多，这样就很难做秘密工作了，这是一个理由；第二个理由，我在苏联学习军事，在步兵学校搞了两年，我想去苏区搞军事工作。吴德峰同志很开明地说：好吧，我给你转达这个意见，又过了几天，他就答复我说，中央同意你到苏区搞军事工作，并说：因你回国不久，对国情不够熟悉，我准备还派一个同志和你一起到苏区去。几天后，他又带了一个同志来，这个同志叫郑重（“文革”前是大连政协主席），我们两人乘船从上海到了香港，由郑重同志在香港接上了关系，又由一位专职的交通员带我们两人经过汕头、潮州，在大埔附近的青溪，又换了一个交通，便到了闽粤赣苏区，那里的中心叫虎岗。

由上海护送党的干部到苏区同样惊心动魄。1931年二三月间，中央有三批同志由上海去苏区，行动路线是到武汉通过码头背后一个香烟摊联络站，经湖南株洲转至中央苏区。接头的办法是手拿着报纸用暗语联络。第一批出发的是王首道等，第二批出发的是周恩来等，第三批出发的是黄火青、黄志竞等。当前两批已经出发，第三批上船即将起锚时，吴德峰得到密报，得知设在武汉码头的联络点被叛徒出卖，遭到敌人破坏。他精确计算船行时间，立即派戚元德坐飞机经南昌到九江接回王首道，派肖桂昌坐火车去南京接回周恩来，派贺步青上船把黄火青叫回。戚元德到九江后买了一张票，等船一到立即上船很顺利地找到王首道，告诉他“家里老人生病”，要他马上下船回家。王首道心领神会，意识到武汉出了事，马上与同行的人收拾好行李下船，平安返回上海。为防万一戚元德继续顺船而行，在下一码头下船返回上海。负责找黄火青的贺步青上船到处转，黄火青看到了他，以为他有别的任务，就没理他。黄火青看他来回地转，就把头伸出来。贺步青看到黄火青后，马上说“下去！下去！”就这样，一场眼看要发生的重大事故化险为夷了。

1934年4月，吴德峰第二次派人送黄火青等到苏区，向导是一个不足20岁的农民。当时的纪律不允许通姓名、也不准讲话，黄火青等只是默默地跟在他后面走，到湖北蒲沂时，天下着大雨，黄火青等躲进一个店铺内。恰巧遇到国民党军队在那里宿营，不是占房屋，就是抢住所，不敢再躲下去。他们就借口受老板差遣要急着办事，买了两把雨伞打着走了。出了县城，过了一条小河，就到了游击区，游击队接到了黄火青等。从游击区到了鄂南特委，特委派秘密交通把他们送到鄂东特委，随后就顺利地进入了苏区。

白区工作不确定因素很多，面临着诸多严峻的考验，最严重的就是人员叛变。1931年4月以后，接连发生几件党员被捕叛变的大事。4月下旬，发生了顾顺章被捕叛变，供出党的机关和领导地址的重大事故。顾顺章是中央政治局候补委员、党的情报保卫工作（中央特科）负责人。1931年4月，党中央决定张国焘、陈昌浩赴鄂豫皖苏区工作，由顾顺章护送至武汉。但任务完成后，顾顺章并未立即回上海复命，而是在汉口停留下来，并以艺名“化广奇”在新市场游艺场表演魔术敛钱。一日，曾是顾顺章的下属、而后叛变的尤崇新碰巧发现了顾顺章，导致顾顺章于4月24日在汉口被捕。顾顺章被捕后即叛变，并供出所知道的中共机密。武汉的国民党特务机关当天即向南京发出6封急电，被打入国民党中央组织部党务调查科任机要秘书的钱壮飞及时截获。此时已是25日深夜，钱壮飞立即派交通连夜乘火车从南京赶往上海，报告党中央。在此危急关头，周恩来立即采取一系列紧急果断的措施。

吴德峰根据周恩来的指示，立即通过秘密交通网，四处奔走报警，组织人员通知与顾顺章有关联有可能被顾出卖的同志和机关全部迅速转移，赶在敌人在上海动手之前搬了家，使敌人扑了个空，使敌人妄图一网打尽中共中央领导人的计划成为泡影。与此同时，他还派出人员，采取各种办法，将出发去苏区，沿着顾顺章走过的路线走的几批同志拦截追回。这期间由于顾顺章的叛变，使长江线党的交通联系受到严重破坏，几乎中断，但由于采取紧急措施，凡是顾顺章走过和可能知道的地方，都重新调整部署，基本没有连锁波及其他地区交通线。顾顺章叛变事件发生后，吴德峰实际到军委集中工作，除继续负责中央交通局工作外，主要是参与处理顾顺章叛变事件。他很多大胆的反常规的操作思路深得周恩来等领导人赞同。如顾顺章叛变后，特科原在邮局设置的信箱号被停用，恢复正常工作后，他建议重新启用该信箱，他的观点是被敌人查封过闲置的信箱只要谨慎使用更不易引起敌人注意，是安全的，且方便监视接续我们中断失去联络的关系。

一波未平，一波又起。仅仅过了不到两个月，6月22日又发生了中共中央总书记向忠发违反秘密工作纪律，被国民党上海警备司令部逮捕，并无耻叛变的重大事故。向忠发工人出身，实际上是个流氓无产者。由于共产国际干预，片面强调中央领导应由工人无产者为主构成，将向忠发推上中共中央总书记的岗位。

周恩来回来即发现向忠发私自外出未归，预感要出事，立即通知吴德峰等派人去找，同时按规定发出危险信号立即撤离住处，并通知所有与向忠发有关系的人立即转移。当向忠发带着敌人到周恩来住处抓人时，早已人去楼空，敌人扑了个空，蒋介石恼羞成怒立即下令处决向忠发。由于向忠发被捕，致使任弼时的夫人陈宗英等被捕，周恩来立即指示吴德峰等人通过关系设法营救。陈宗英等在党组织的多方营救下，通过各种关系最后由亲属出面保释，无罪释放，然后再由吴德峰派秘密交通送往中央苏区。

1931年9月，中央苏区第三次反“围剿”胜利，中央决定周恩来、李富春、蔡畅等先后分批转移至苏区。为了安排这些同志去苏区的路线，吴德峰亲自分地区、分段，多次找相关交通站负责人专门研究行进路线，抽调一批忠实、可靠、最有经验的交通员护送，必要的地方还组织了武装交通护送。

为了给周恩来等去苏区打前站，吴德峰于10月先行到中央苏区，考察落实行走路线，确定了绝对机密、安全、可靠的路线。12月，周恩来身着棉长袍，戴着毡帽大口罩，扮成商人模样，从上海出发，乘坐货轮到汕头。在汕头，吴德峰启用了由他直接领导控制的很少启用的汕头绝密交通站，并在此由精明可靠、绰号“小广东”、以中央交通局“巡视员”身份在汕头蹲点帮助工作的秘密交通员肖桂昌和黄华（小黄华）陪同，从汕头坐火车到潮安，然后坐电船沿韩江而上，在青溪沙岗上岸。周恩来来到青溪交通站，亲切接见了交通人员，并着重指明，今后一个时期，交通站的重要任务就是担负起党中央机关由上海到苏区的转移、护送任务。晚饭后，周恩来离开青溪，由六位武装交通人员护送，踏着坎坷不平的道路，翻山越岭，走了一夜，于次日(21日或22日)上午10时，胜利到达福建汀州中共闽粤赣苏区。

建设过硬的交通工作队伍

党内交通地位重要，环境险恶，因此加强交通工作的制度化规范化建设，提高交通人员思想政治素质和业务水平，就显得至关重要。为此，吴德峰在周恩来等中央领导人指导下，不断探索，不断实践，提出了很多行之有效的办法。这是党内交通工作能够顺利开展的重要原因。

吴德峰对交通人员的管理和要求十分严格。一是要求政治坚定，不怕牺牲。政治上立场坚定，忠于党的事业，在任何情况下不暴露身份，宁可牺牲生命也不叛党，这是他对交通人员最根本的要求。经过政治思想教育和实践的磨砺，绝大部分交通人员的思想政治素质都是很高的。龚增祥烈士是他的表弟（吴德峰二舅父在日本留学时与日本妻子生的孩子），随他参加革命后，做秘密交通，后在南通暴动时被捕，敌人极刑拷打，他宁死不屈，在狱中敌人给他“剃头”，用剃刀将其头皮一块块割下来，血流满面，他连眉毛都不皱一下，宁死不屈没招任何口供，敌人无奈，遂设计放他出狱做钓饵，妄图跟踪他诱捕其他同志。他识破敌人的阴谋诡计，就毅然留宿街头讨饭，同志们看到他的状况惨不忍睹，想营救他，他示意同志们走开，甚至装疯卖傻用打狗棍将不知情的同志打走，敌人的阴谋再次落空，最后，敌人达不到目的又将其抓回判死刑，在南京雨花台枪决，牺牲时年仅二十多岁。青溪交通站被破坏后，交通站的同志全家人被杀害；大埔城交通员孙世楷被捕，在刑场上高呼革命口号壮烈牺牲……交通员英烈的壮举不胜枚举，比比皆是。

二是要求熟谙业务，英勇机智。一次，女交通员蔡纫湘（蔡菱香，欧阳钦夫人）装扮成瞿秋白、何叔衡等同志的家人、妹妹掩护他们同行，路遇敌哨卡被搜出自用药品（当时瞿秋白正患肺结核病），敌人硬说他们通（共）匪贩卖禁运药品，要带回审问。盘查中，蔡菱香发现敌连长流里流气，对她有非分之念，用言语暗示挑逗她。蔡菱香想，瞿秋白、何叔衡都是党的重要领导人，一旦带去被认出则后果不堪设想。蔡菱香情急之下，假意愿顺从跟随连长走，只求敌连长放了她“贩卖私货”的家人和兄长。待瞿秋白、何叔衡安全离开，她被带回敌营后，突然大哭大闹，说连长陷害其家人要强占逼她为妻……还

蔡纫湘

有一次，组织上做了一个小木箱，外面加了粗蓝布，把不少油印文件装在箱内的夹层里要交通员李培南送出。李培南原以为这是比较保险的，但当进入车站时，这个木箱却引起了两个宪警的特别注意。他们一个仔细检查，另一个站在一旁观察李培南的动静。箱子里的东西被反复翻弄，也没有发现什么，那个宪警就用手比试着箱底的深浅，怀疑箱子可能有一个夹层，藏着什么。站着的那个宪警看到李培南没有表现出任何异样，觉得检查时间太久了，就放李培南进了站。回来时，李培南放弃了这个夹层箱，在宿县接头的那家白铁铺里，请他们将文件焊在一个白铁壶底的夹层里，上面装上小磨香油，安全地把文件带回上海。

三是吃苦耐劳，任劳任怨。青溪站是中央领导同志进入苏区的一个最重要的中转站，这里的交通人员时刻整装待发。来了护送任务，一般是天一黑即开始走路，翻山越岭十几华里直趋铁坑，然后就地休息，白天在铁南小站老百姓的谷仓里睡觉，连大小便都不出来，天一黑又疾走四五十华里，赶到永定县的桃坑小站。至此，护送的武装人员才转回中溪，往返一百余里。永定站的交通员负责将人带到合溪华里站，由合溪中站派交通员送到虎岗后，由特委派人送至涂坊（约180华里），再由汀连县委通知该县赤卫团派一连武装人员护送到四都（约50华里）。此后不再用武装护送，第一天到菜坑（40华里），第二天爬闽赣两省交界的大杉山脉就到了瑞金（约50华里）。这是一条艰难曲折的道路，交通员长年奔波在这条充满艰与险、生与死考验的交通线上，既需要大无畏的革命精神，也需要吃苦耐劳的精神。

吴德峰在秘密交通工作中，既注重交通员素质、能力的培养提高，同时采用各种方法，争取、团结、借助一切可以为我所用的力量，包括革命的同情者、同路人，甚至国民党特务及帮派组织的成员、交际花等三教九流的人物，都可以成为他工作的争取利用对象。采用特殊手段有时便利秘密交通工作得以及时、准确、顺利完成。他领导的秘密交通工作从未出过大纰漏。

当时谁要丢了东西，只要是帮派组织的人偷的，或与帮派组织有关连的地方，不出三天就能找回来。有一次，吴德峰家传的一块非常珍贵的金表放在衣服口袋内挂在衣架上丢了，他通过青红帮关系很快在当铺找到，发现是请的老妈子偷的，于是就把这个不可靠的老妈子不动声色地解雇了。他平时对三教九流的社会背景、组织情况和习性研究得很透，经常借助掌握的情况为我所用。他交代女交通员如何对付流氓、小偷，如遇上小偷、流氓骚扰，就借助帮会的名头、规矩，或拉他们到巡捕房理论等办法吓走小偷、流氓；在人多的地方则设法激起群众义愤，以求解围。有一次，戚元德扮成阔太太，穿着旗袍、高跟鞋、玻璃丝袜，打扮非常讲究、时髦，手拿一个非常漂亮的黑色玻璃钱包，从商行出来。这时一个小偷从她手里抢了钱包就跑，实际钱包里只有一根银顶针和几块钱，本可以不追，但考虑到不追会引起猜疑，因此一面高喊一面假意追赶小偷，这时从旁边又跑出一个人拉着她问丢了多少钱，戚元德马上明白这是小偷一伙打掩护和对证被抢钱财的人。根据吴德峰告诉她的经验，戚元德随口说了一个符合身份的钱数。当天，吴德峰就通过关系了解到，小偷因交不上戚元德所说数额款，挨了一顿痛打。除此而外，戚元德的行为没有引起其他猜疑。

吴德峰长期领导党内交通工作，积累了不少经验。在秘密交通工作中，无论机构的设置、计划的实施还是人员的选择，都有一整套严格的程序和规定。他强调每个工作人员在日常生活和执行任务中，“即使很小的违反秘密工作纪律的行动，都要给予严肃的教育和处理”，并制订《秘密工作条例》，条例共有五条；一、不允许发生任何“横向关系”；二、机关（同志们的住所）所在地，只允许上级了解下级的，下级不允许了解上级的、隔级的和兄弟机关的；三、党内不该了解的人和事不问，不该看的文件不看，未经允许不得传播自己所了解的事；四、坚守岗位，不允许到群众斗争场合，不许照相；五、写过的复写纸、印过的蜡纸和有机密文字的纸屑要及时烧掉。电台工作人员对密电码的保管，报务员、译电员、联络员之间交接联系，也均须按保密制度执行。他善于在实际工作中不断总结交通工作的经验。比如，在外交线路上设站的方法，要按照实际情况，有的以家庭方式作掩护；有的开店作交通站；有的用社会关系作交通站；有的就利用公共场所的信兜传递信件，约好了的代名，自己去拿，互相不见面。因为敌人搜查得厉害，他在技术上是费尽苦心的，比如，外送文件多是用药水秘写的，遇到检查看不出什么。有时把文件用药水写在衬衫上，穿在身上；有时写在古书里。中央在上海，同外地相距较远，交通员之间的接头联络就变得十分困难，比如送文件到武汉（武汉是个站），去一次要隔半个月。在当时白色恐怖时期，半个月中间这个站是否变动，是不是被破坏，一般是难以知道的。这一点不如内交，内交出了问题很快就可知道。对此，吴德峰和交通局想出了很多办法，比如：这次约定下次接头办法（如到饭店和某种会面方法），如果在严重情况下，可不立即见面，先观察有否异样情况发生，然后作出判断。如果敌人采取“钓鱼”办法，总会发现可疑的人或不正常的情况。所以，在当时特殊情况下既要警惕、机敏，又要互相信任，回到上海同样有此情形。所以，他规定，交通员出去以前都约好多长时间回来，到时不回来，住机关的同志就得准备搬家；而交通人员回上海时如发现机关有异样时，也要警惕发生意外。

成熟的秘密工作领导人

吴德峰识时慎事，从不放过任何一个微小的细节和环节，时时处处都处于高度警惕戒备状态，严格地做到防患于未然。他亲自领导并参与了几次杜绝党内发生的重大事件、事故的行动，使组织转危为安。一次，一个交通员刚进家门就把一本夹着秘密文件的书放在堂屋桌子上，然后进里屋取东西，敌人突查随后进了院。听到交通员妻子在门外大声与敌人周旋向他报警，交通员见事不好就从里屋后窗跳到邻居家，把自己卷进放在走廊上的席子内，敌人搜查了一会儿什么也没搜到着就走了。交通员回来后一看，放在桌子上的那本书不见了，夫妻两人正在着急时，只见他们四岁的儿子屁股带着小藤椅一扭一扭地走进来，进门后一抬屁股就看见那本书放在小藤椅上，打开一看秘密文件仍完好无缺地就夹在书里。还有一次，吴德峰刚买的一张火车票放在茶几上，转眼就不见了，只见年幼的吴爱生躲在墙角划火柴正要烧，被戚元德一把夺下来。

这两件事引起吴德峰的重视，他对妻子说，这两件事，一方面说明孩子可爱，懂事早，在家长的熏陶下，从小学会警惕和对付敌人，但也说明我们的工作不严谨，有漏洞，疏忽了孩子们的洞察力，大人有意识的动作变成了孩子的无意识习惯动作，表面上看来是一件好事，但实际上隐患很大，因为毕竟他们还是些不省人事的幼童，根本不能分辨事物的本质、真伪、好坏，往往无忌的童言和行为容易引起外人的好奇和敌人的警觉，一旦露出破绽就可能导致出大事。就这一问题，他专门报告中央并下发通知，重申秘密交通工作要慎之又慎，决不可疏忽大意，一切行动绝对机密，工作中坚守“上不传父母，下不传妻子儿女”的原则。他还对戚元德和那个交通员作了严肃的批评，并作了自我检讨。由于长期的秘密工作，他对同志的要求非常严格，批评起人来坚持原则毫不留情面，而且不容犯错误的同志找客观理由申辩。他经常说，“错了就是错了，没有任何理由可讲！敌人决不会因为你有原因有理由就不抓你、就不砍你的脑壳。”但每当总结教训、向上汇报处理问题时，他从来都是检查自己、承担责任，从不诿过于人。

周惠年（左）与张越霞在上海

当时，在上海单身租房子比较困难，且易引起外人的注意和敌人的怀疑。单身的男女同志多假扮夫妻租房建立机关点。如康生当时化名姓张，与张越霞及她的孩子组成假家庭住机关，陈赓则装成雇员同住一机关。1929年秋，河南往上海的交通员需要一个搭档，组织认为周惠年是合适的人选，便派该交通员到湖北广水，将正在那里工作的周惠年接往上海。吴德峰给周惠年分配的任务是，与该交通员扮作夫妻，住机关做秘密工作。因周惠年尚未结婚，感到很难为情，便托口推辞，要求去苏区工作或去工厂搞工人运动。他听后严肃地批评她说："你是共产党员，应该服从党组织的分配，在工作上没有理由讨价还价。"周惠年再不敢说什么了，服从了决定。这样，他们就作为一对假夫妻住在上海西摩路菜市场对面，周惠年开始做交通和驻机关工作。有的假夫妻在工作中建立真挚感情，经组织批准结婚，就成了真夫妻。如当时住"福兴庄"字号的"熊老板"熊瑾玎与"老板娘"朱端绶就是由假扮夫妻成为真夫妻的。

吴德峰对交通人员既严格要求，又非常关心交通人员的生活，在坚持原则的前提下尽可能给他们提供多的帮助，解决他们的困难。当时党的地下工作人员生活费用很少，其标准是：真夫妻每家月生活费用25块银元，假夫妻女同志每月只10银圆，除用于各方面的开支外，每天生活费只合四块铜板，不省吃俭用就不能维持到月尾。因此，别人吃鸡吃肉，周惠年他们只能吃粗茶淡饭。一些好心人看到周惠年他们住房狭小，生活困难，就动员她去工厂做工，每月可以多挣二三十元工资。周惠年请示吴德峰，他说："你的任务就是看'家'，如果指定的联络人到'家'中来找不到你，党的工作会受到损失。你应该以大局为重。"但吴德峰还是尽量帮助周惠年，周惠年到上海后，天气日见寒冷，他见她衣服单薄，给了她十块银圆，还嘱咐戚元德带周惠年上街买了一件棉袄，做了一件旗袍，周惠年十分感动。在工作上，吴德峰对周惠年帮助也是很大，他经常教育周惠年要保护好机关，做好安全工作. 不能出丝毫问题；即使被敌人抓住，任凭敌人拷打你、枪杀你，也不能暴露自己。他说：因为你头上没有刻"共产党"三个字，你不承认，敌人也没办法。

吴德峰要求交通员在居住、社交方面一定要谨慎，不要一不小心把共产党员的标签贴在自己的脑门上。与周惠年同住机关的河南交通员动了真情，爱上了周惠年。一天晚上，他向周惠年正式提出求婚。周惠年不同意，由于年轻第一次遇到这样的事不知所措，感到受到委屈突然放声哭起来，惊动了房东太太，跑过来敲门问究竟。周惠年一看坏了大事，灵机一动把头发散开故意拉着交通员撕闹，向房东诉说丈夫常年在外跑单帮不养家，钱都贴了外边的女人，回来吃喝不顺还打她。房东太太信以为真，还帮助周惠年数落"丈夫”不贤，说周惠年在家如何如何苦守苦做，事情才掩盖过去。事后吴德峰找到两人进行严肃批评，批评他们拿党的工作当儿戏，批评男交通员严重违犯组织纪律规定，批评周惠年太“布尔乔亚”，不同意就好好讲，不应该大哭大闹，险些引起大麻烦。他将这一情况报告中央，在以后安排未婚男女同住机关时，为防患于未然，重申严格组织纪律，注意做好他们思想教育工作，后来再未发生类似的问题。

戚元德从开封回到上海以后，吴德峰租用了一套比较便宜的房子，看房时房东感觉他们一家三口人口简单、小康殷实，是本分的外地生意人，所以非常欢迎，二话都没说就一口答应将房子租给他们居住。谁知吴德峰将行李家具一搬来，房东就变了脸，非要他们找三个铺保才同意他们住下。吴德峰非常奇怪地问房东为什么？房东太太就拉着他去看一间堆满了两套和他们一模一样家具的房子，说这两套家具的主人都是通共匪嫌疑犯，被警察局抓走吃官司去了，连自己都被闹得鸡犬不宁，因此看见你们的家具，我就害怕，我们再也经不起折腾了，你们住房子必须找三个铺保不可，否则我们不租了。吴德峰马上笑着说：“您放心，我们是正经的生意人，有家有口，不会搞鸡鸣狗盗的事，我们刚来上海做生意，还没安定下来，临时在街上随意买了一套便宜家具，我马上去找三个铺保。”

吴德峰立即将此情况报告中央，提请注意。从此以后，党中央提醒工作人员注意，秘密机关住家购置家具均谨防临时观念，购买符合身份、职业、各不相同的家具用品，避免露出破绽引发不必要的问题和麻烦。为了消除房东的怀疑，同时他认为这里刚被查抄，只要注意，相对更安全，就决定暂不急于搬家并与房东搞好关系。吴爱生小时候长得非常可爱，房东一家经常抱着爱生玩，还非认爱生做干儿子不可，他顺水推舟与房东一家拉上了干亲，特别是戚元德与房东太太的关系因此搞得非常融洽。为了适应身份的需要，戚元德当时头上梳了一个假发髻，梳得非常巧妙，外人一点也看不出是假的。一天，房东太太抱着爱生玩，她非常喜欢戚元德的发型，告诉戚元德明天早上一定来看她梳头，要学她的梳法。戚机敏地把她拉到镜子前，把她的头发打开，说：用不着明天，现在我就教你梳。就这样，把假发的事掩饰了过去。

假发的事引起吴德峰的注意，出于安全考虑，他觉得不能再在这里住

1938年11月，戚元德携中生（左一）、爱生、岷生（抱者）与龚老夫人合影。

了，因房东原来为了家具就有戒心，别再因其他事再引起他们的猜疑，所以就决定搬家。第二天一大早，有邮差敲大门喊："电报"，吴德峰示意戚元德等房东太太去开门，不一会，房东太太拿着电报跑进来说是吴家的电报，吴德峰夫妇故意当着她的面将电报打开，看完后，戚元德就假戏真做地哭起来说，老太爷过世了！他们借口回家奔丧守孝，顺理成章地把家具拍卖，收拾行装离开了这家房东，搬到环境安全的法租界。这以后，他们搬过几次家。总的说来，因工作环境需要多住在租界上的高档住宅内。为了解决经费开支问题，吴德峰将继母接来同住，让继母支付住家所有的费用开支。由于有继母在经济上的支持，他们夫妇当时在党内算是大"富户"，周围的同志经济困难拮据时都来找他，继母每次都慷慨解囊支付，因此很多同志都熟识和尊敬她。解放后，周恩来和刘伯承等还问起过他的继母，得知她老人家在解放前夕病逝而未能看到革命成功和新中国成立都深感遗憾。

吴德峰夫妇搬进租界以后，独门大院，工作环境非常安全、清静。周恩来等中央领导同志经常在他们家开会，研究决定重大问题。偶尔，周恩来也找个别人到吴德峰家谈话，遇到这样的情况，他安排好后多回避不参加，避免横向交错关系。一次，周恩来约郭述申谈话，当时吴德峰和郭述申并没有见面，直到解放调北京工作后，偶尔一次闲谈回忆往事，郭述申才知那次周恩来与其谈话是在吴德峰家谈的。每次开重要会议，都是由戚元德站岗放哨，送茶烧饭招待大家，工作做得非常出色，屡屡受到周恩来的好评。但有一次，戚元德却受到批评。当时，周恩来在吴德峰家召集一次重要会议，开会的人装作在吴家打麻将，戚元德带着孩子在院内外装着做家务放哨警戒。散会后，看着同志们一个个安全离开，吴德峰也随之一起走了，戚元德才松了一口气，给哭闹的孩子换片子喂奶。由于过度疲劳，戚元德靠在被子上奶孩子不知不觉睡着了。不一会，周恩来突然回来检查工作，发现满屋地上扔着的烟头、烟灰及放在桌上的麻将、茶杯茶碗仍没收拾，立即叫醒戚元德，皱着眉头严肃地批评道：“元德同志为什么不立即将房屋打扫干净，就喂奶陪孩子睡着了，你这是拿着党的工作当儿戏，你要知道孩子哭几声不要紧这些东西不收拾，留下很多人在此聚会的现场，遇到情况就可能要发生问题，这是我们做秘密情报工作人员的大忌、是工作纪律问题，今后决不允许再出现这样的问题。”周恩来见戚元德红着脸低头承认错误，又和蔼地安慰说：“咳！也难怪你了，你自己还是个大孩子，还要带着小孩，整整忙了大半天，也确实够辛苦了，但决不能因此掉以轻心，你住机关责任重大，是在敌人眼皮底下工作，作为住机关的家庭主妇就得管好同志们的生活琐事，掩护保证机关和同志们的安全。你们每天买菜做饭，缝补浆洗，放哨警戒，联络接送同志等都是党需要你们做的重要工作。这些看似平凡的工作，实际关系到党的安危，事业的成败，这是一项非常重要、复杂的工作，一点都不能大意，更马虎不得……”。

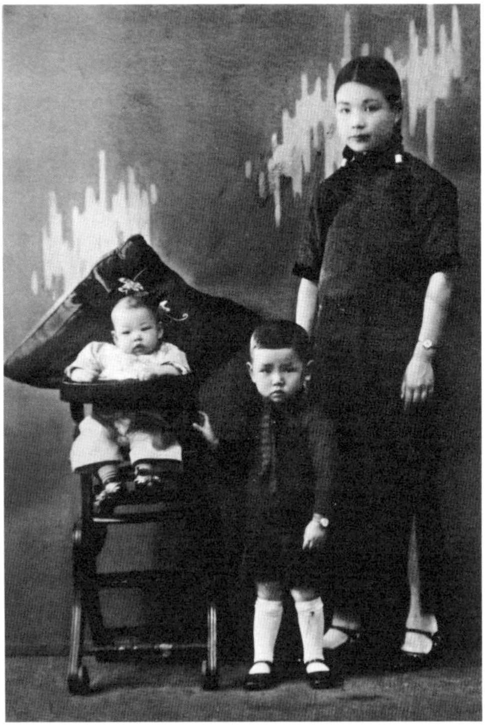

1931年，戚元德在上海与爱生、宁生合影，时正怀有中生。

吴德峰还在家接待过多位党的重要领导同志，如陈云、刘伯承等就和吴德峰同住过。陈云当时公开的身份是跑街的，耳朵后面夹一支笔出出进进。刘伯承则作为表亲住在他家，他当时在军委工作，经常下乡，每次回来差不多都染上虱子，戚元德都要帮他从头到脚换洗衣物。时间长了，刘伯承看戚元德要带着孩子、买菜做饭、做家务、承担工作任务，还要帮他洗刷脏衣和被褥，心里过意不去，就偷偷地把脏衣物藏起来，但每次都被戚元德翻出来洗干净。有一次，刘伯承将脏衣服藏在旧饼干筒内，也被戚元德翻出。打开饼干筒一看，戚元德吓了一跳，衣服上面长满了虱子，她拿出来放在开水里烫过后，再洗干净、晒干、叠好放在他的床头。刘伯承回来后，很感动亲切地对她说："元德同志，你真是我们的好管家、好同志。"

在上海的两年九个月的时间，是吴德峰革命生涯中一段非常重要的经历。在中央交通工作的领导岗位上，他对党对革命事业忠心耿耿，对工作精益求精，对同志满腔热情，表现出过人的胆识、超人的智慧和大无畏的革命气概，使他成为一名成熟的秘密工作领导人，为党和中国革命作出了不同寻常的贡献。

江西省政治保衛局通告　第一號

各級政治保衛處肅反機關：

本局未召集全省肅反會議以前，特根據中央肅反路線擬定以下八項指示，請特別注意：

一　關於政治派別要犯，如無緊急逮捕之必要，須先偵察其線索；一方面不使其逃跑，一方面報告上級機關請示。如在事實上必須緊急逮捕者，逮捕後，則須將詳細事實具報。

二　肅反須注意階級路線。如豪紳、地主、富農等犯，有政治上的重大嫌疑或反動確實有據者，應照例處罰；如工農份子，宜用教育方式審訊之。

三　關於罰金問題——如豪紳、地主等，查無政治派別嫌疑，而羣衆要求處罰者，由所在地政府處罰。各級保衛局不須過問。

四　以後無論處決任何反動犯，必須經過本局批准，由當地政府執行，肅反機關概不直接處決，亦不能發貼佈告；該項佈告由所在地政府公佈之（如肅反機關在省區即由

省府公佈，在縣區即由縣府公佈之）。

五　對犯人的判决，必須將全部詳細口供、階級成份詳細具報，並須提出具體判决意見，由本局核准執行。

六　用刑拷打，即應廢除，以後審訊犯人時，應設法免除。

七　沒收犯人財物，應列表登記，報告上級存查；如該犯判决無罪時，沒收財產應即發還。

八　各肅反機關，應注意肅反工作；一切查路票事件，應歸政府管理。望即交政府辦理。

以上八項簡略指示，希各級肅反機關遵守！

分局長　吳德鋒

一九三二年一月五號於平安寨

五、苏区保卫局长

在新民主主义革命时期，党处于非常严酷的斗争环境中，除了要对付国民党的军事“围剿”和进攻，还要防止和反对敌人混入内部。因此，政治保卫工作一直是党的一项很重要的工作。由于受王明等“左”倾错误路线的影响，在一个时期内，党的政治保卫工作出现了严重错误。吴德峰30年代曾担任过一段时间的苏区保卫局长，尽管工作中不可避免地出现某些偏差，但总体上来说能够实事求是，保护了一大批党的干部，是称职的保卫局长。

在江西苏区的保卫工作

吴德峰于1931年12月左右抵达中央苏区。在此之前，王明“左”倾教条主义错误路线统治了中央，并向各个根据地派遣中央代表，如张国焘到鄂豫皖，夏曦到湘鄂西等，在党内开始了大规模的肃反运动。早在第一次反“围剿”之前，为了巩固中央根据地后方，准备更有力地迎击敌人，赣西南党的组织和红一方面军总前委，根据中共中央多次关于清除混进革命队伍内部的地主、富农和“AB团”[①]等反革命分子的指示，于1930年上半年在赣西南地区党和政府中开始进行肃清反革命分子的斗争。这场斗争在一段时间内，虽然清除了一些反革命的地主、富农分子，但也错杀了许多被误认为“AB团”成员的同志。1930年12月，总前委根据一些人在逼供下的假口供，派人到红二十军抓捕“AB团”分子。红二十军少数领导人眼看自己也将被错定为反革命遭受逮捕，对这种做法抱有极大的怀疑和不满，乃于12月12日带领部队到富田，包围当地苏维埃政府，释放被错捕的近百名同志，提出分裂红一方面军领导的错误口号并将全军拉往赣江以西地区。这就是震惊一时的富田事变。1931年3月28日，中央政治局作出《关于富田事变的决议》后，负责处理此事的领导机关更加错误地认定富田事变是“AB团”所进行的“反革命行动”，逮捕并杀害了红二十军大部分排以上干部，使肃反严重扩大化错误发展起来。随后，还在

① “AB团”是1926年冬北伐军攻克南昌后，蒋介石指使陈果夫授意段锡朋、程天放等人在南昌成立的反革命组织。“AB”是英文Anti-Bolshevik即“反布尔什维克”的缩写。其目的是反对共产党，夺取江西省领导权。1927年4月2日共产党领导南昌群众给予其严重打击，该反革命组织即行解体。

闽西加紧进行反对“社会民主党”[①]的斗争，处决了许多被误认为是“社会民主党”成员的同志。

吴德峰到中央苏区工作后，坚决反对、抵制肃反中的简单化和扩大化的做法。他认为，在剧烈的革命斗争中，敌人总是想方设法从内部来破坏革命，党和红军坚持肃反斗争是必要的，但是，肃反必须实事求是，重事实，重证据，不能捕风捉影，无中生有。1932年1月，吴德峰采取一些具体措施以抵制肃反扩大化的做法。他以江西省政治保卫局局长名义发布了一系列通告，明确强调：关于政治派别要犯，如无紧急逮捕之必要，要先侦察其线索；如在事实上必须紧急逮捕者，捕后需将详细事实具报；肃反须注意阶级路线，如工农分子宜用教育方式审讯之；以后无论处决任何反动罪犯，必须经过本局批准，由当地政府执行，肃反机关概不能直接处决；对犯人的判决，必须将详细

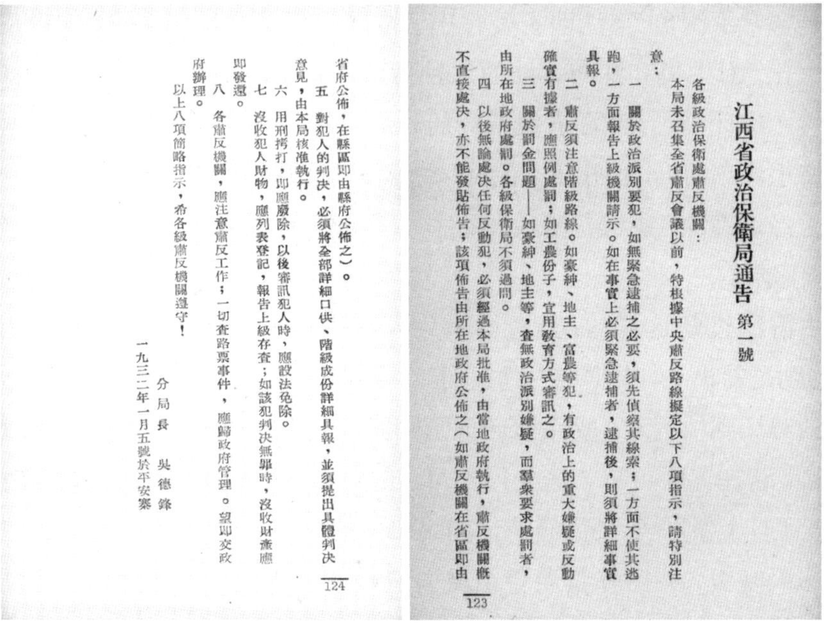

江西省政治保衛局通告 第一號

各級政治保衛處肅反機關：

本局未召集全省肅反會議以前，特根據中央肅反路線擬定以下八項指示，請特別注意：

一 關於政治派別要犯，如無緊急逮捕之必要，須先偵察其線索；一方面不使其逃跑，一方面報告上級機關請示。如在事實上必須緊急逮捕者，逮捕後，則須將詳細事實具報。

二 肅反須注意階級路線。如豪紳、地主、富農等犯，有政治上的重大嫌疑或反動確實有據者，應照例處罰；如工農份子，宜用教育方式審訊之。

三 關於罰金問題——如豪紳、地主等，查無政治派別嫌疑，而羣衆要求處罰者，由所在地政府處罰。各級保衛局不須過問。

四 以後無論處決任何反動犯，必須經過本局批准，由當地政府執行，肅反機關概不直接處決，亦不能發貼佈告；該項佈告由所在地政府公佈之（如肅反機關在省區即由

123

省府公佈，在縣區即由縣府公佈之）。

五 對犯人的判決，必須將全部詳細口供、階級成份詳細具報，並須提出具體判決意見，由本局核准執行。

六 用刑拷打，即應廢除，以後審訊犯人時，應設法免除。

七 沒收犯人財物，應列表登記，報告上級存查；如該犯判決無罪時，沒收財產應即發還。

八 各肅反機關，應注意肅反工作；一切查路票事件，應歸政府管理。望即交政府辦理。

以上八項簡略指示，希各級肅反機關遵守！

分局長 吳德鋒

一九三二年一月五號於平安寨

124

1932年1月5日，吴德峰签发的江西省政治保卫局通告

---

① “社会民主党”在中国从未建立过。1931年初，在闽西纪念李卜克内西、卢森堡、列宁的大会上，有战士误喊“社会民主党万岁”等口号，造成了在闽西有反革命组织“社会民主党”存在的说法和不良后果。

口供、阶级成分详细具报，并须提出具体判决意见，由本局核准执行；用刑拷打应立即废除，以后审讯犯人时应设法免除；没收犯人财产应列表登记，报告上级存查，如该犯被判决无罪时，没收的财产应即发还。在反对迷信的过程中防止过左，反对不耐心宣传而单纯地去掘山坟，打菩萨的行动；对流氓分子我们是应当反对的，但不能扩大化，和尚、道士、抽过大烟的工人农民不能算流氓，仍享受土地革命利益。这样才能执行布尔什维克的分化政策……他制订的这些政策保护了一大批党的干部。

1933年1月，中共临时中央迁到中央根据地后，立即在根据地内全面贯彻其“左”倾教条主义的方针，并为此打击了一批坚持正确意见、有实际经验的领导干部。从1933年2月开始，他们在福建开展反“罗明路线”的斗争；3月，又在江西开展反对“江西罗明路线”的斗争。苏区中央局给江西省委发出指示信，批评江西省委“对于过去江西党缺乏明确有阶级路线和充分群众工作的认识是非常不深刻”。江西省委作出了接受中央局指示的决议，使肃反进一步扩大化。对中央和江西省委的这种做法，作为中共江西省委委员、江西省苏维埃主席团委员、江西省保卫局局长的吴德峰持有不同意见，从而被认为是支持毛泽东的人，被扣上“右倾”帽子加以批判。1933年5月，苏区中央局借一个未经调查的“酒醉打哨兵”事件，下令撤销他党内外一切职务，罚到湘赣苏区去服刑。

事情经过是这样的：当时由于敌人封锁围剿苏区，苏区的物资十分匮乏，特别是盐极缺。根据地内鸡很便宜，到处都可以买到，但要想喝到一点带咸味的鸡汤则很困难。戚元德送孩子回武汉，吴德峰的继母给了戚元德几百块银圆。这在苏区可是一笔大得不得了的财富，很多同志，包括朱德在内，常开玩笑“打土豪”，要吴德峰请他们喝加盐的鸡汤。

一天晚饭，吴德峰带着警卫员去请大家喝加盐的鸡汤。吃完饭回来时天色已黑，那天正好保卫局站岗的哨兵是一个新入伍的战士，没经验，等吴德峰和警卫员走得离他很近时他才喊口令，且连喊三声，不容回答举枪就要打。因哨兵隐蔽得不好，吴德峰早已看见他，就在他举枪的一瞬间，一个箭步冲上去用手把他的枪口托上去，冲天响了一枪，幸免未打着人。吴德峰一看是新兵，一方面严肃批评他操作程序失误，一方面教育他今后站岗应如何隐蔽，如何掌握喊口令的距离、间隔时间等问题，然后就带着警卫员走了。这声枪响惊动了住在附近的某少共负责人，他跑出来看正好与吴德峰擦肩而过，他问随后的警卫员怎么回事，警卫员未停脚步简单答了两句相安无事的话就走了。这位少共的负责人听到此事后就借题发挥，要哨兵一口咬定是局长喝醉酒打了他，还要抢他的枪、枪毙他……

第二天，这份材料就越级报告到中央。这时正是王明“左”倾错误路线一手遮天的时候。他们便乘机借题发挥非要军法处置、枪毙吴德峰不可，后来在一些同志的极力保护和争辩下才对他以“酒醉打哨兵”的罪名，被判撤销党内外一切职务，并罚到湘赣苏区去服徒刑，才得了事。吴德峰对王明的错误路线进行着坚决的斗争，周恩来等曾给予了肯定。

在湘赣苏区的保卫工作

湘赣革命根据地位于湖南、江西两省交界地区，包括江西的永新、莲花、宁冈三县的全部和湖南的酃县、茶陵、攸县、醴陵，江西的萍乡、宜春、峡江、安福、吉安、万字、泰和、遂川、上犹、崇义等十个县的大部或一部。湘赣革命根据地，是在中国共产党领导创建的第一个农村根据地——以宁冈为中心的井冈山革命根据地的基础上发展起来的。吴德峰到湘赣苏区后，继续从事政治保卫工作。

1930年冬富田事变后，湘赣地区也开展大抓“AB团”运动，肃反严重扩大化。1933年6月中旬，吴德峰到湘赣苏区时，正逢湘赣苏区掀起第二次抓“AB团”高潮，苏区干部人人自危，今天是座上客，明天就有可能成为阶下囚，今天还在堂上审人，明天就有可能成为被审的犯人。省、区、县保卫局长被抓、被杀的不少。原省委书记王首道因在肃反中态度“右倾”，被给予撤职处分并处以罚徒刑；省苏维埃主席团主席袁德生被定为“AB团”，遭逮捕；王震、甘泗淇、谭家述等省军区领导人也都在嫌疑犯之列。吴德峰因是罚徒刑去的，所以开始没有安排任何工作，同他在一起罚徒刑的还有解放初成为我军唯一女将军的李贞。

在吴德峰到湘赣苏区之前，中央调任弼时到湘赣苏区任中共湘赣省委书记兼任省军区政治部委员。任弼时与吴德峰是老朋友，早在1927就相识，任弼时多次到他家中开会、联系工作。任弼时上任之时，面临着一个很大的难题，就是如何处理肃反中被抓的同志，特别是像袁德生这样的重要领导人，处理起来十分棘手。

任弼时听说吴德峰发配到湘赣苏区后，马上找他谈话，要他接任湘赣省政治保卫局局长。吴德峰说自己还在受处分，担任此职不妥。任弼时问明情况后，意味深长地说，你是经久（酒）不醉的人，怎么会“酒醉打哨兵”呢？！他表示马上请示中央，并要吴德峰立即走马上任。他说，乱抓这么些人，再不清理监狱就要挤破了。1933年6月，经国家政治保卫局（局长邓发）批复同意，吴德峰复出，任湘赣省委政治保卫局长。不久，又补选为湘赣苏维埃主席团委员、中共湘赣省委委员。

吴德峰到任后，凭着他丰富的工作经验，马上有序地开展工作。首先，抓机关的整顿工作，通过召开调查会、座谈会，并进行深入细致的调查研究，对原有干部进行认真地审查、挑选，留下一批得力的人员。肖佛先原在永新县保卫局工作，吴德峰要人，县保卫局推荐了他。当时，肖佛先只有14岁，吴德峰为了考验他，故意说他是小“AB团”，并把他绑在桌子腿上，观察肖佛先的表现。肖佛先年纪虽小，但脾气很倔强，不怕威吓利诱，不管怎么问，都说“不是AB团，就不是AB团”，还敢顶嘴。最后吴德峰笑了，说：“这小子嘴还真厉害，天不怕，地不怕，是个硬骨头，就留在我身边当勤务员吧！”就这样，肖佛先调到了省保卫局工作。经过一段时间的工作，吴德峰选择了一些忠诚可信的同志。然后，他组织学习培训，加强对保卫人员的政治思想教育和业务知识教育。他向全体干部讲解革命道理，阐述中央的肃反政策路线，提出审查犯人的方式方法，指出逼、供、信的危害性，教育大家在审讯犯人时不能重蹈“一问、二打、三招供、四定案、五察觉”的覆辙，必须以事实为准，重证据，重调查研究，制止和纠正乱捕、乱杀的严重错误。他还向保卫队长和政委讲了应该如何管理犯人的问题，告诉他们犯人不管是什么问题，不能不给饭吃，不能靠打解决问题，打是打不出名堂来的，打伤了我们又没有医药治疗，对原关押的犯人凡没有确凿证据的，都给予教育释放。

在湘赣保卫局期间，由于吴德峰的努力，不少同志幸免于难。对作战失

青年王恩茂

误的犯人，他都给予从轻处理。当时，有一个叫赖传夫的连级干部，因作战指挥失误，在战场上要军法处置，杀掉他，特派员把他送到保卫局关押。经过调查，吴德峰认为他没有反革命的问题，在当时“左”的情况下，为了保全他的性命，便让赖传夫留在自己身边做马夫，带着长征。解放后，赖传夫担任过广东省军区副司令员。对于复杂的案子，特别是与苏区外面有牵连的人，则继续关押，并不急于处决。当时吃盐很困难，到白区贩盐很贵，吴德峰便利用这些“犯人”为部队熬硝盐。在苏区组织“犯人”劳动生产，一来改善生活，二来避免误杀同志，这是他的创举。对“重犯”“要犯”，特别是涉及高级干部的处理都要经过省委讨论并及时向中央肃反委员会请示报告。王恩茂被当成“AB团”嫌疑犯抓进保卫局，吴德峰没有杀他，也没有关他。王恩茂有文化，吴德峰把他弄到保卫局让他写写抄抄当文书，帮他渡过难关。

因为反对乱捕、乱杀革命同志，吴德峰遭到执行“左”倾错误路线的人的排斥和忌恨，但他据理力争，毫不退让。这些人经常批判吴德峰是“右倾”，他不止一次地在会议和公开场合，针锋相对地对他们说：今天你们指责我“右倾”，今后你们还会指责我“左倾”的。他为人正直刚烈，对“左”倾主义者的专横跋扈从不畏惧，毫不示弱，经常在会上因为原则问题争得脸红脖子粗，甚至拍桌子骂娘。有一次争执中，他将手中的派克金笔都拍断了。每遇这种情况，最后多是任弼时等出面干预解决。

1934年4月，中央苏区广昌失守之后，中央红军要根据地内粉碎国民党军队的第五次“围剿”几不可能。5月，中共中央书记处作出决定，准备将中央红军主力撤离根据地。为了调动和牵制敌人，减轻国民党军队对中央根据地的压力，并准备实施战略转移，中共中央和中央军委决定组织两支部队北上和西进。7月，寻淮洲、乐少华、粟裕等领导的红七军团改称北上抗日先遣队，经福建北上到闽浙皖赣边区，与方志敏领导的红十军会合。8月上旬，任弼时率部撤出湘赣根根据地。为中央红军长征北上投石问路，与红二军团贺龙、关向应部会合，西征到湘中发展扩大游击队、建立开发新区。

西征前，中央通知清理在押“犯人”，“重犯”一律处决。原省苏维埃主席团主席袁德生、原省军区总指挥张启龙等人都在处决的名单之列。袁德生是作为“AB团”在吴德峰来之前就被关押在保卫局的，张启龙则是因为放走了在反“围剿”中被俘虏的一个敌军军官（据张启龙讲，是为了统战原因），以所谓“通敌罪”被军法处置的，原关在军队肃反保卫系统。突围转移清理“重犯”的命令下达到省保卫局的那天，吴德峰很晚才回家，并连续几天早出晚归，到省委商讨有关工作。任弼时、王震等提议将军队的犯人张启龙等人转到地方保卫局关押，包括后随吴德峰长征的特派员马廷士、文书王恩茂、马夫赖传夫等干部都是那时转过来的所谓“犯人”。在这个阶段中，保卫局几乎天天都接到处理、枪毙犯人的命令，每当处理“重要人犯”决定时，吴德峰都要亲自到省委向任弼时等同志请示汇报。吴德峰心情很沉重，不是拿着烟斗抽烟，就是背着手在屋内或院外来回地走着沉思、考虑问题。在撤出永新的那天凌晨，吴德峰向任弼时提出，这些人还有重要线索和口供要审问，暂不枪毙，带着他们跟部队一起转移。这是他在当时“左”的环境下为救袁德生和张启龙等人施的缓刑之计。他安排保卫队指派专人分别押着袁德生、张启龙等“重犯”先行，以造成既成事实。为避免节外生枝，“重犯”们都五花大绑、带着头罩。待这些“重要犯人”走后，他才和戚元德带着曾光梅、彭贵海、肖佛先等十多人最后撤离。

到达宿营地时，天已很晚，清查“犯人”时，发现少了袁德生。经询问押解袁德生的人员才知，离开驻地不久他们正好碰上一位“左”倾领导人刘士杰，他一眼认出袁德生，说袁德生是省委上报、中央批准的死刑“重犯”，不准带走，并命人就地枪决了。吴德峰听后气得跳脚大骂这位刘士杰混账！带出的这批“重犯”后来全部松绑、除去头罩，跟随保卫局行军。当时，张启龙的地位一落千丈，非常艰苦，什么东西都得自己背上，吴德峰的警卫员“捡”了一匹小骡子，把他的东西都放在上面，不让他背；到了宿营地吴德峰还指示给他打洗脚水；后吴德峰还专门为他配备了一匹马骑，安排一个勤务员照顾他的生活。但是，过了一个阶段，他发现张启龙情绪不对，就向任弼时汇报说，张启龙我已给你带出来了，请你赶快解决他的问题，安排工作，再作为“犯人”跟着保卫局走，我对上对下、对他本人都无法交待说明，引起麻烦误会，有口难辩。任弼时接受了他的意见，很快重新安排了张启龙工作。对于营救袁德生未成功一事，后来一提起这事，吴德峰总是深以为憾，后悔自己没有亲自将袁德生带在身边一起走。

可以说，吴德峰有效制止了湘赣苏区的乱砍乱杀。当然，不可避免的是，在当时那种政治环境下，一个错误不犯是不可能的，那不是马克思主义的态度。后来，任弼时在延安回顾湘赣苏区的肃反工作时，针对那种“吴德峰来了以后湘赣肃反闹得很厉害”的说法，强调指出：“在这个问题上，今天我们也要实事求是地查一查。……吴过来以后捉的人数量并不很多，……秩序渐渐建立，已经不像过去一样混乱。”任弼时这个评价是公允的。

中华苏維埃共和国国家政治保衛局中国工农紅軍第二方面軍分局
工作人員攝影 一九三六年二月长征中攝于贵州省大定县

六、长征中的保卫工作

在“第一次长征”前后

1934年夏，由于执行“左”倾路线的错误作战方针，在金华山、松山地域实施消极防御作战连连失利，湘赣苏区的斗争形势日益恶化。敌军主力已深入苏区腹地，原有的整片苏区，已被八个师的敌人包围并分割成若干小块。敌人一面在苏区周围和中心区域以及交通要道加紧赶筑封锁碉堡网线，一面积极调整部署，集结兵力，准备与红军决战。在敌人重兵包围和严密封锁下，7月23日，中共中央、中革军委训令湘赣省委一分为二，由任弼时率领退出湘赣苏区，转移到湘中创建新的根据地。这次突围西征的重要任务是，作为中央红军的先遣队，由湘赣苏区先期突围，深入湖南，调动敌人，摸清情况，探探路子，在湘中地区开辟一块新的根据地，以便中央红军在尔后向贺龙、夏曦、关向应领导的湘西根据地实行战略转移时，有一个立足之地。

对于这次西征，吴德峰称为“第一次长征”，而把1935年1月红二、六军团从湖南桑植出发的长征称为“第二次长征”，这也是许多红六军团老同志的习惯说法。1934年8月7日下午3时，任弼时率部告别了长期哺育他们的湘赣苏区人民，离开了红军以鲜血建立起来的湘赣苏区，开始了英勇的西征。由遂川横石出发，连续突破国民党军四道封锁线，进至湖南桂东寨前圩。8月12日，在桂东桂阳地区成立军政委员会，任弼时任委员会主席、肖克任军团长、王震任政委、吴德峰以苏维埃国家政治保卫局代表身份任军团

1935年8月，红二、红六军团会师后领导人合影。站立者右起：任弼时、关向应、李达、贺龙，前坐者为王震

保卫局长，张子意任政治部主任，李达为军参谋长。9月2日，红六军团进入广西灌阳境内，4日于兴安界首以北的凤凰嘴地区渡过湘江。10月24日，红六军团主力与贺龙领导的红三军在贵州印江县木黄地区胜利会师。

红六军团在敌包围圈中艰苦转战的日子里，遇到巨大的困难，经受到严峻的考验。沿途山高路险，地瘠人稀，条件十分艰苦，加上敌人疯狂的围、追、堵、截，环境极为险恶，斗争十分残酷。西征开始时，正值三伏天，不仅酷热难当，而且经常下大雨，空气湿度大，道路泥泞，尤其是急行军时，困难更大。保卫局的战士背着武器、干粮、发报机、炊事用具，印刷机等，还要负责押管“犯人”同行，所以行走速度较慢，经常是最后一个到达宿营地。行军途中，中暑、打摆子、拉痢疾、发高烧等疾病时有发生，许多疾病都是突发的。在危急抢救的情况下，吴德峰不仅是保卫局长，还是“郎中”（吴德峰的祖父是精通医术的中医，家中开中药铺，因此吴德峰懂得一些医术）。行军途中缺医少药，他就叫战士们用土法熬一些中草药治病救急，如感冒受寒煮姜水喝，中暑则刮痧，泻肚、拉痢疾煮马齿苋水喝，等等。

一次夜行军爬高山，吴德峰和肖佛先一起摔进山峪中，吴德峰摔伤了肋骨，肖佛先跌伤了腰。吴德峰忍痛坚持工作，由于缺乏营养，所以人很快瘦了一圈。吴德峰是高度近视眼，有时夜行军，道路高低不平，警卫员只好搀扶着他走。肖佛先年纪小，行军途中经常走不动，就拉着吴德峰的马尾巴走，吴德峰还经常下来把马让给他骑。因此，肖佛先得了“二局长”的绰号。肖佛先腰受伤以后，正好部队要轻装，把一些老弱和伤病员坚壁到老百姓家寄养，肖佛先也被列在寄养之中，吴德峰因他一直跟在身边，知道很多机密，最后坚持用担架抬着他继续跟着部队走，等能骑马时又把自己的马让给他骑，半个多月后，他才下地走路，一直没掉过队。

几乎就在红三军（不久恢复红二军团番号）和红六军团会师黔东时，中央红军开始了长征的艰苦跋涉。中央红军的行军线路基本上就是红六军团走过的线路，这说明红六军团较好地实现了为中央红军探路的任务。当然，出于敌情的变化，中央红军所遭遇的困难比红六军团要大得多，红军渡过湘江后损失惨重，也没有实现与红二、六军团会合的战略意图。

红二、六军团会师后，开始创建湘鄂川黔根据地的历程，到11月中旬，先后占领了永顺、大庸、桑植三县和龙山、保靖、慈利县各一部分地区。11月26日，中共湘鄂川黔边区临时省委、湘鄂川黔军区及湘鄂川黔革命委员会在大庸成立。任弼时为省委书记，贺龙为军区司令员兼革命委员会主席，吴德峰任省肃反委员会主席，兼任军区和军团保卫局局长。

1935年1月下旬，临时省委在大庸的丁家溶召开红二军团党的积极分子会议，批判清算夏曦在二军团任职后肃反扩大化的“左”的错误，撤了夏曦的职。夏曦在湘鄂西执行王明的“左”倾政策，伤害了不少同志，错误是严重的。丁家溶会议对他的批评是正确的，夏曦也做了自我批评和深刻的检讨，这对于统一全军思想、加强党的建设起到了重大作用。但是这次会议没有认识到夏曦主要是执行党的第三次“左”倾路线而犯的错误，导致会上有些批评不够中肯。针对一些人始终认为夏曦的问题不可饶恕，吴德峰对此有着不同的看法，认为夏曦的问题是认识问题，不是反革命问题，不是敌我矛盾问

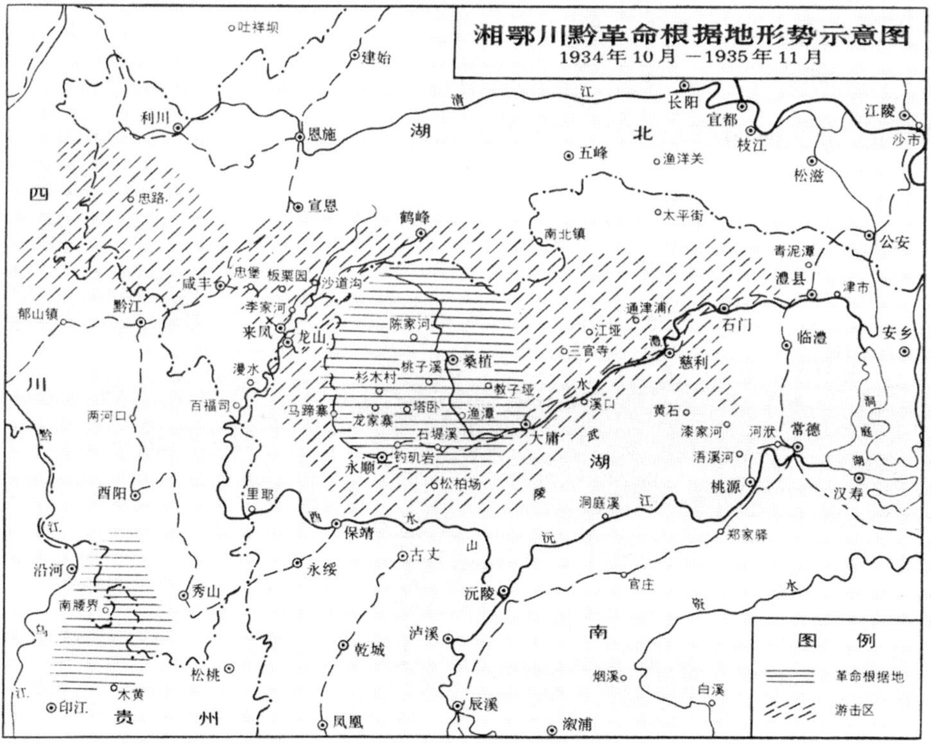

题。任弼时在1944年的一次座谈会上谈到这个问题时曾说："我们与夏曦同志的斗争方法也有错误。"1936年3月2日，夏曦过河掉进水中，由于没有及时救上来，结果溺水牺牲。吴德峰曾就此事公开骂过娘，认为夏曦是有错误，甚至是严重的错误，但终究是革命同志，不应该见死不救。

到1935年1月，红二、六军团在湘鄂川黔坚持了一年多的斗争。这时，中央红军胜利地到达了陕北，红四方面军继续留在川西地区。由于湘鄂川黔地理位置重要，北临武汉，南接长沙，对红一、四方面军的配合作用和对蒋介石反动统治的威胁都很大。因此，蒋介石不惜调集重兵围剿湘鄂川黔根据地。在这种情况下，红二、六军团决定长征，向红一、四方面军靠拢。

开始"第二次长征"

1935年11月19日晚，红二、六军团告别湘鄂川黔根据地，从桑植的刘家坪等地出发，开始战略转移。当夜经过三门墩桥头，行程65里，在教子垭宿营。吴德峰有记日记的好习惯，在宿营教子娅的当晚，他就记下了"第二次长征"第一天的情况。从这一天起，到1936年12月1日到达党中央所在地陕北保安镇为止的233天时间里，他在戎马倥偬之际，日日笔耕不辍，将自己的所见、所闻、所思、所感摘要记录下来，给后人留下了极其珍贵的长征资料。

红二、红六军团长征出发地——湖南桑植刘家坪

红二、六军团长征后，在湖南中西部迂回一个时期后进入贵州，于1936年2月初到达黔西地区，力图在黔西、大定、毕节建立新的根据地。相对于前一个时期，此后的20多天，相对是比较安定的。吴德峰在长征和苏区

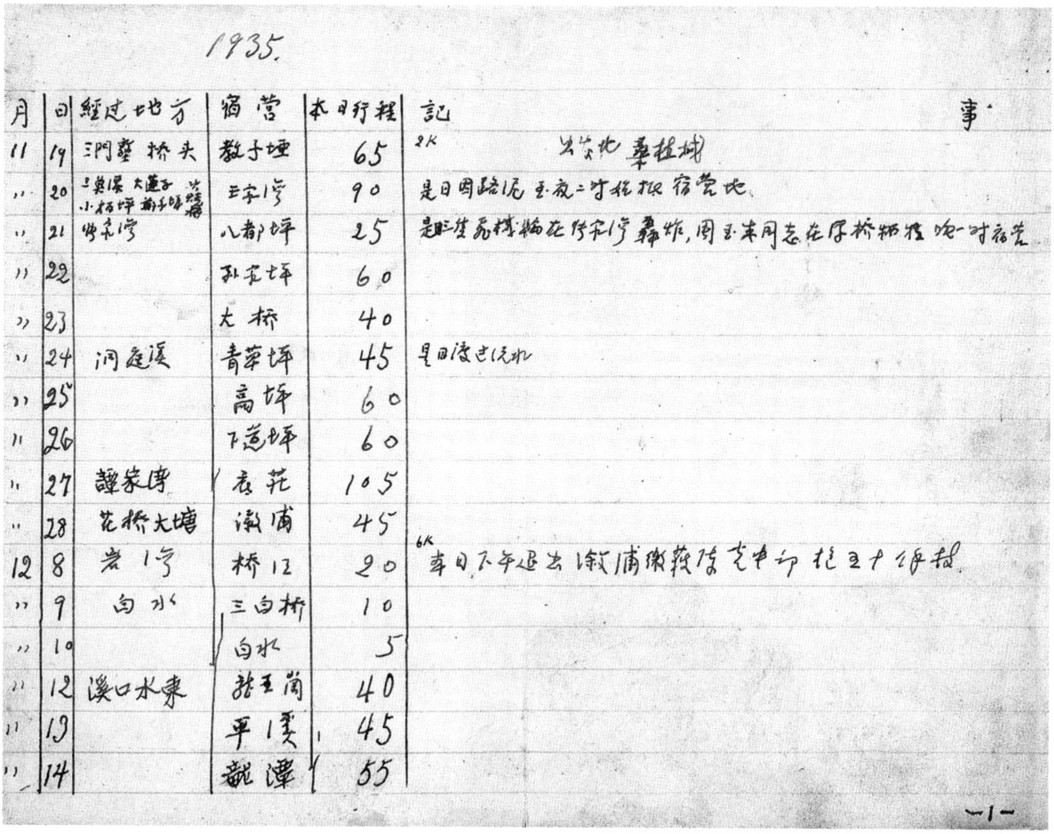

1935.

月	日	經过地方	宿营	本日行程	記事
11	19	三門塋 桥头	数子垭	65	2K 出发地 桑植城
〃	20	三巢堡 大莲子 小杨坪 蒲子坪 [illegible]	王家湾	90	是日因路泥至夜二时始抵宿营地
〃	21	竹家湾	八都坪	25	是日敌机[illegible]在[illegible]轰炸，周玉米同志在浮桥[illegible]
〃	22		孙家坪	60	
〃	23		大桥	40	
〃	24	洞庭溪	青草坪	45	是日渡过沅水
〃	25		高坪	60	
〃	26		下蓝坪	60	
〃	27	谭家湾	衣花	105	
〃	28	花桥大塘	溆浦	45	
12	8	岩湾	桥江	20	6K 本日下午退出溆浦[illegible]
〃	9	白水	三白桥	10	
〃	10		白水	5	
〃	12	溪口水东	龙王涧	40	
〃	13		平溪	45	
〃	14		龙潭	55	

—1—

吴德峰“第二次长征”日记。记录的是长征出发后的行经地方、行程要事等

时，随身带有一个德国蔡司照相机，照了不少照片，至今仍留下两幅珍贵照片。一张是1936年二方面军保卫局部分同志在贵州大定县政府门前合影；一张是1936年摄于贵州黔西县政府大堂的吴德峰、王震、张子意合影。

长征是一次艰苦的旅行。红军指战员不仅要克服自然界的困难，还要同国民党军进行较量，不仅经常与围追堵截的敌人进行遭遇和攻击战，还面临着敌人的飞机的轮番轰炸。对付敌机，吴德峰总结出一套经验：敌人的飞机一般是先侦察扫射后轰炸，敌人扫射时就地、就坡、就坑卧倒，躲在迎敌机飞行方向障碍物（坡、坑）的背后卧倒，绝不可乱跑；飞机轰炸时部队立即要散开，并躲开桥梁、道路、建筑物，再伏地，躲炸弹时绝不能在飞机飞行线

1936年，长征途中摄于贵州黔西县政府大堂，自左至右：吴德峰、王震、张子意

吴德峰长征抗战中用过的摄像机

上顺逆两个方向乱跑、乱伏，要跑也只能沿横穿飞行方向跑，远离炸弹的地方伏卧。正是由于总结了这些经验，保卫局虽然带着俘虏、犯人，但在敌机轰炸中，伤亡极少。

长征途中，红军俘虏了不少敌军连至师级军官和敌电台技术人员，缴获了不少枪支弹药、补给和一些电台设备等物资。俘虏的敌军军官和译电人员都送保卫局看管处置。吴德峰按党的缴枪不杀的政策，都带着走，并对其进行政治思想教育工作，表现好的，愿意留下参加革命的，审查没有问题的，就输送到部队，以加强我军的力量。王永俊原在敌人电台工作，对敌军的电台、译电码情况非常熟悉，经吴德峰进行教育后，思想转变很快，帮助红军破译了敌军不少作战方案、行动指挥命令等机密情报，出了大力，立了不少功劳。后来，他被批准加入中国共产党，参加了红军，解放后，曾任中国人民解放军总参谋部某部负责人。

1935年6月，在湖北忠堡战斗中被抓获的国民党第41师师长张振汉，长征时一直跟着保卫局走。吴德峰在政治思想和行军生活上很关照他，派警卫人员和勤务人员照顾他，还专门给他配了马匹。当时粮食很短缺，在十分困难的情况下仍然保证他的基本口粮。通过事实教育，他逐步从不理解、害怕、仇视共产党和红军队伍，到认识、理解、赞同、佩服共产党和红军队伍。张振汉在党的政策的感召下，在吴德峰等的教育帮助下，有了很大转变，为我军提供了

1936年2月，长征途中在贵州大定，红二方面军保卫局局长吴德峰（前中）与部分工作人员合影

肖佛先注：前排左起：陈宜盛(总务处长)、陈志斌(技术书记)、朱明轩(警卫员)、祁云祥(侦察员)、马廷士(侦察科长)、吴德峰、梁英才(科长)、刘生标(审讯科长)、贺振华(保卫队长)、廖庆萱(保卫队政委)、王燎原(干部)；后排右起：第二人吴志坚(勤务员)、第四人肖佛先(勤务员)、第五人谢锡玉(警卫员)、第八人曹金华(警卫员)、第九人曾广梅(警卫员)、第十一人熊传丰(警卫员)、第十二人李永福(警卫班长)、第十三人曹协理(警卫员)；第三排左起：第二人彭海贵(警卫班长)、第五人颜泰隆(警卫员严太龙)。此三排以后的人员，基本上是保卫队战士，以及相关的其他干部、工作人员等。

不少情况。长征途中，被俘虏的敌41团王团长逃跑，吴德峰随即找张振汉谈话，张振汉表示绝不逃走。长征结束后，张振汉的亲人从湖南来把他接走。他临走时表示，他这一路了解了共产党的主张，佩服共产党的队伍，回去后决不再为国民党办事，不参与任何反对共产党的活动，他说到做到，从此弃政从商。新中国成立后，他到北京时常看望吴德峰，感谢吴德峰长征途中对他的

1936年4月，英国传教士勃沙特被红军释放后在云南留影

十字把铜铃

教育和关照。

红二、六军团在贵州抓住了四个外国传教士和神父（三男一女，怀疑他们在教堂从事间谍活动）。由于与战士语言不同，生活不习惯，他们开始很害怕，吴德峰经常去做他们的工作，行军途中在生活上经常给予特殊照顾和优待。行军途中，高山隘路，经常走悬崖过深涧，非常难走，都是要在两岸绝壁上架起的天桥上行走，人马经过时战战兢兢。几个外国人过时，吓得不敢走，特别是那位女士，很胖，上桥时吓得直发抖，说什么也不肯过桥，并且大哭大叫，弄得实在没办法，有的战士不耐烦提议干脆扔下他们算了。吴德峰不同意说：这地方前不着村，后不着店，留下来不是被饿死也会被野兽吃掉，桥窄只能容一个人走过，只好组织战士把男士背过去，女士绑在自制的滑竿内由两个战士抬过去。后来到了有人烟的地方才陆续通知教堂把他们接走。他们临走时还恋恋不舍，再三感谢，还将一个传教用的铜铃留给吴岷生（吴德峰之女）作纪念。

1936年3月30日，中央致电任弼时、贺龙等，指示红二、六军团北渡金沙江，与红四方面军会合，一起北上。从4月下旬到5月初，红二、六军团渡过金沙江，翻越雪山，进入藏族地区。过金沙江时，桥上的浮板均被敌人烧毁，只剩铁索，吴德峰和警卫坐牛皮船过江。待部队过江一个小时后，国民党追兵才赶到江边，只好望江兴叹。过雪山前，部队召开动员大会，吴德峰恳切地提出：“前面的雪山比我们这里要高几千米，空气稀薄，战士们走到山上不能停留，更不能坐，遇到不舒服时，就吃辣椒，增加热量，要一鼓作气地走下去。”

翻越雪山后就进入云南省中甸县，这里属藏族地区。事前，战士什么都不了解，毫无思想和精神准备，语言不通，风俗不同，生活也不适应。吴德峰再三强调要注意民族政策，否则不仅衣食住行无着，背后还会有人打黑枪来杀害我们，搞得不好将走不出这个地区。吴德峰派人找来了懂汉语的老百姓，向他们讲解中国共产党的民族政策，解除他们的惧怕心理，并从他们口中了解到当地的生活习惯和风俗人情，并请他们为红军当翻译。由于沟通了思想，促进了互相之间的理解和信任，保卫局全体人员在藏区，没有一个违犯民族政策和遭黑枪暗杀的。

与张国焘分裂主义的斗争

6月3日，红六军团在理化以南之甲洼与前来迎接的红四方面军第三十二军会合，双方开了联欢会。在此期间，红三十二军领导人罗炳辉专门到红六军团驻地看望了吴德峰，并送给保卫局一些给养和药品。6月2日，红六军团到达甘孜的普玉龙与红四方面军会师。25日，朱德、张国焘等到普玉龙检阅部队。那天也是保卫局准备的饭。吴德峰让戚元德带着曾光梅、颜泰龙、肖佛先等人帮助炊事员准备饭菜，专门烧了江西人的拿手菜狗肉，还煮了一盆从水沟草塘捞的鱼。晚上，张国焘、陈昌浩等人回甘孜，朱德和刘伯承等同志留驻在保卫局住的楼子里。吴德峰这次与朱德等会面，是从江西苏区与他们分手后的首次见面，他非常兴奋，与他们彻夜长谈，一夜未眠。从朱德、刘伯承的谈话中，他了解到一、四方面军的分歧问题，知道了张国焘另立中央反党的野心，非常气愤。吴德峰在当天的日记中写道：

在普玉龙宿营，在甘（孜），朱总、伯承等几个同志留下，晚上在保卫局楼上谈一、四方面军分歧问题，我听了之后，气愤张的反党。

在甘孜，吴德峰碰到了廖承志，他正被张国焘当作国民党改组派分子押着走。当时部队粮食短缺，张国焘经常派人刁难廖承志，克扣廖承志的粮食，使他常连野菜都吃不上。吴德峰很佩服廖承志参加革命的信念和精神，总设

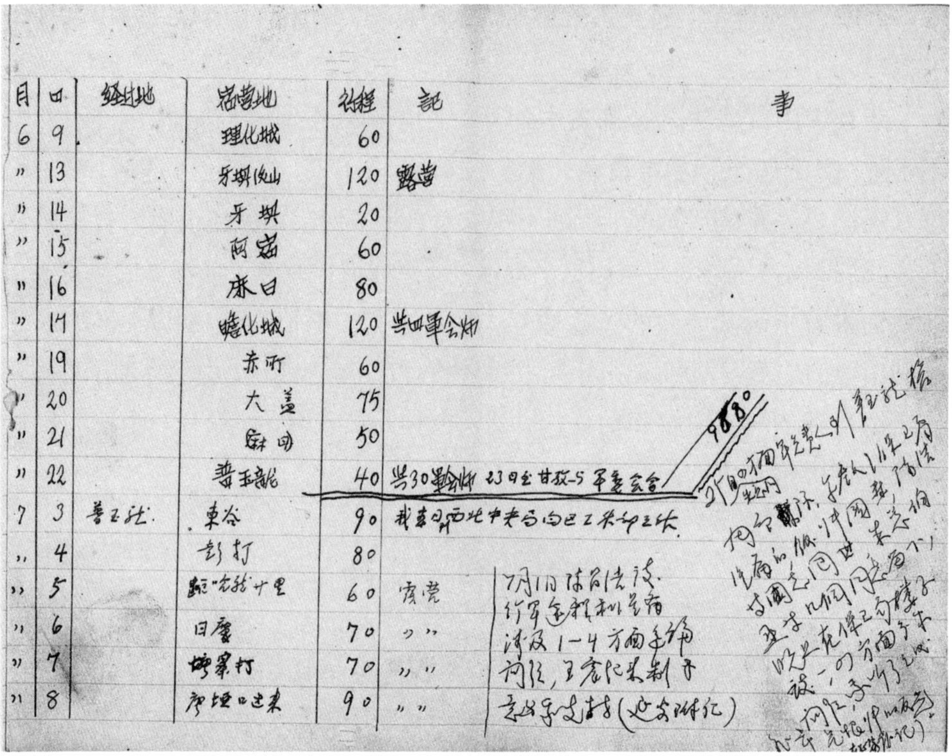

月	日	经过地	宿营地	行程	记事
6	9		理化城	60	
"	13		牙坝[illegible]山	120	露营
"	14		牙坝	20	
"	15		阿[illegible]	60	
"	16		[illegible]日	80	
"	17		瞻化城	120	与四军会师
"	19		赤[illegible]	60	
"	20		大盖	75	
"	21		[illegible]	50	
"	22		普玉隆	40	与30军会师 23日至甘孜与5军[illegible]会合
7	3	普玉隆	東谷	90	[illegible]
"	4		彭打	80	
"	5		[illegible]	60	露营
"	6		日[illegible]	70	" "
"	7		[illegible]打	70	" "
"	8		[illegible]	90	" "

吴德峰长征日记中，到延安后补记的1936年6月25日日记中有“听了之后，气恨张的反党”等内容

法帮他搞到一些粮食。每次打鱼或是做狗肉都请他过来吃。有一次，吴德峰特意抓着傅钟，让廖承志给他画一张素描像，然后问傅钟像不像，傅钟说像，吴德峰就逼着傅钟拿了三碗糌粑（青稞做的一种食品）给廖承志。解放后吴德峰和廖承志相聚谈起这段往事趣话，都大笑不止。廖承志还专门为此题了字送吴德峰留念。廖承志的母亲何香凝多年后闻知此事还专门画了一幅梅花图题字送吴德峰和戚元德夫妇。

7月5日，中共中央军委颁布了关于组织红二方面军及干部任职命令。贺龙任红二方面军总指挥，任弼时任政治委员，肖克为副总指挥，关向应为副政治委员。吴德峰任红二方面军保卫局局长。红二、四方面军会合后，张国焘曾多次搞阴谋诡计，妄图拉拢分化红二方面军力量，去对付红一方面军，反对党中

央，闹独立性，均被红二方面军大多数指战员所识破，并予以坚决抵制。刚会师不久，张国焘派了一个洗衣队到红二方面军搞所谓“服务”“慰劳”，实际是派来宣传张国焘搞分裂中央、分裂党、闹独立路线的工作队。吴德峰发现后，立即派人把这些人友好地请到保卫局，热情招待起来，阻止了他们下基层连队的宣传活动，使张国焘大为恼火。后张国焘又曾多次对红二方面军做分化瓦解工作，一次专门派人来红六军团做工作，要红六军团单独通电指责中央和一方面军北上抗日是“逃跑主义”。王震得知情况后，立即派他的勤务员通知吴德峰参加会议。他去后，支持王震的意见，投了反对通电的关键一票，使张国焘分化瓦解二方面军、拉拢六军团反对党中央和一方面军的阴谋再次未能得逞。

两军会师后不久，即开始了穿越草地的艰苦行军。7月2日至10日，红四方面军分左中右三个纵队分别从甘孜、炉霍、绥靖向甘南进发。7月11日，红二方面军组成二个梯队，由甘孜东谷出发，在红四方面军左纵队之后跟进，拟经日庆、西倾寺、阿坝、包座等地向哈达铺地区前进。7月27日，中共中央同意成立西北局，由张国焘任书记，任弼时任副书记，朱德等为委员，统一领导红二、四方面军的北上行动。任弼时找吴德峰谈话，要他出任西北局白区工作部部长，同他一起到西北局工作。

穿越草地，这是一场人同大自然的殊死搏斗，大自然在极其残酷无情地等待着忍饥挨饿的红军。草原茫茫无边，在草丛上面笼罩着阴森迷蒙的浓雾，根本分不清东南西北。草丛里河沟交错，积水泛滥，露在外面的水呈黑色，散发着腐臭的气息。这里没有石头，没有树木，更没有人烟，有的只是一丛丛长得密密麻麻足有几尺高的青草，在这广阔无边的泽国里，简直找不到一条路，脚下是一片草茎和长年累月腐草结成的“泥潭”，踩到上面，软绵绵的，若是用力过猛，就会越陷越深，甚至把整个身子都埋进去，再也休想从里面爬出来。草地天气一日多变，早晨浓雾蒙蒙，天昏地黑，中午突然一阵狂风，吹开了天上的积云，天空忽然晴朗，从轻云里射下柔弱的阳光；可是，到了午后，乌云密布，气温骤降，不一时，狂风四起，大雨滂沱；黄昏时，由于被这一阵莫名其妙的暴雨袭击，河水挡住了去路。在每一个关键时刻，吴德峰总是向红军干部战士宣传，“北上抗日，走出草地”，以此鼓舞战士们，他还让宣传队高举着写有“不准停留，不准喝水，坚持就是胜利”的牌子，进行宣传鼓动，坚定战士们的必胜信心。

在近两个月的艰苦行军中，红二方面军付出了巨大牺牲，终于胜利通过了广袤荒凉的草地，并且有效地保存了部队的有生力量。9月1日，红二方面军总指挥部到达哈达铺。

由于吴德峰经常反对张国焘，被其视为眼中钉、肉中刺，千方百计要除之而后快。10月5日，张国焘突然把吴德峰叫到机关政治部，要他前往新收编的土匪李中部队任政治委员，实际上是排除异己，借刀杀人，妄图除去他。当时，红军长征路过的地方，土匪部队很多，一打就跑，有的则投降接受收编，其中部分是真心接受收编参加红军，成为抗日武装力量，但多数是屈服于红军威力，想骗取红军的枪支弹药和给养，被迫接受收编的，等红军大部队一走，就哗变继续干土匪勾当，甚至与红军为敌，掉转枪口打红军。吴德峰接受任务后，连夜出发急行军，第二天早上八九点钟赶到李中部队驻地。随他前往的有戚元德和几个连队指导员以及从二方面军带来的警卫员、勤务员曾光梅、彭海贵、颜泰龙、彭协庆、肖佛先等十多人。到达李部后，吴德峰与李中联络，察觉其已有叛离迹象。为了安全起见，他选择了一个居高临下有防御设施的土围子居住，并命令下连队的指导员，当晚必须赶回土围子住，研究讨论工作。晚饭前，李中派人来请吴德峰夫妇去司令部“赴接风宴”，吴德峰明知是鸿门宴，但仍不放弃争取说服教育并挽留李中的机会，同时让戚元德带着肖佛先等人做好准备，坚守在围子内应变，他带着彭海贵、曾光梅等人全副武装，扎着子弹袋，带着双枪去“赴宴”。席间李中几次想动手，看到吴德峰有所警惕和准备，只好作罢，未敢轻举妄动。在他去“赴宴”刚走不久，就有一小股土匪来包围土围子，打了一阵枪，想冲进土围子，戚元德带领留守的战士利用有利地形，还击顶住，相持到吴德峰回来，那股小土匪才撤走。很快，从连队跑回来的人报告说：李中已拉着土匪部队乘天黑逃走，还杀了我们没来得及返回土围子的指导员。吴德峰马上带着人向土匪逃跑的方向追去，但是没有追上，只好返回驻地。他当即决定追赶红军大部队，经过急行军，终于追上大部队。回到西北局后，张国焘又借题发挥，说吴德峰丢失了部队，按军法处置要枪毙他，被朱德和任弼时坚决制止，说吴德峰是中央、毛泽东、周恩来的人，杀不得，张国焘才作罢。

10月22日，红二方面军在甘肃会宁东北的将台堡同红一方面军胜利会师。至此，红二方面胜利地完成了历时一年，转战湘、黔、滇、康、川、甘、青、陕等省，行程二万余里，大小战斗110余次的伟大长征。

但张国焘不甘心失败，经常挑起四方面军干部斗争反对他闹独立、搞分裂路线的干部。11月2日，张国焘又发起四方面军干部斗争一方面军干部，吴德峰在场，提出反对意见，并坚持说一方面军的行动是正确的，张国焘的部下有人要打吴德峰，被陈昌浩制止，才算了事。由于吴德峰经常公开与张国焘的错误路线作斗争，张国焘千方百计要除之。一次行军遇到敌机轰炸，张国焘派人故意把他和戚元德等人堵在树林外，吴德峰识破其阴谋。于是，双方的矛盾便公开化起来，而且越来越尖锐。

为了保护吴德峰，任弼时决定让他离开西北局跟红军大学先走，因红军大学已出发，吴德峰带着戚元德和警卫人员，跟随西北局党校奔赴陕北根据地。1936年12月1日吴德峰一行终于到达陕北保安，回到了党中央的身边。

七、成功的西安情报工作

就在吴德峰到延安后不久，爆发了震惊中外的西安事变。这一重大事变再一次把他推到秘密工作的风口浪尖上。根据中央决定，他先是随同周恩来到西安和平解决西安事变，紧接着在西安从事秘密情报工作。面对国共合作和抗日斗争的复杂形势，他带领秘密情报队伍，在敌人的心脏与敌人展开了针锋相对的斗争，为党中央科学决策提供了大量第一手情报资料。他卓有成效的工作受到党的高度评价，毛泽东、周恩来等中央领导同志多次当他的面表扬西安情报秘密工作。

构建情报工作网络

三大主力红军近八万人之师，胜利会合于广袤雄俊的西北高原、咆哮万里的黄河之滨，这是一支极其重要的抗日力量。但坚持“攘外必先安内”的蒋介石，对于红军三大主力在西北集中如芒在背，他酝酿军事“围剿”红军的通渭会战计划，并于10月22日赶来西安督战。但是令蒋介石没有想到的是，他的西北“剿总”副总司令张学良和陕西省主席杨虎城却不想听他的号令。在多次规劝无效后，12月12日凌晨，经过周密准备，张学良的东北军在蒋介石住所发动兵谏，那里的蒋系军政大员十余人也一同被扣留。这就是名震中外的西安事变。

12月12日拂晓，蒋介石在骊山的山道上正失魂落魄地爬滚的时候，中共驻东北军代表刘鼎奉张学良之命，立即将起草的急电发往保安，向中共中央报告了“扣蒋”消息。也就在同一天，张学良、杨虎城致电中共中央，邀请中共派员到西安共商大计。12月17日，中共中央应张、杨之邀，决定派周恩来率中共代表团赴西安协调和平解决“西安事变”。

在周恩来为数不多的随员中，就有刚到陕北十几天的吴德峰。长征结束到保安后，吴德峰任中央联络局局长。西安事变发生后，周恩来考虑到他丰富的对敌斗争经验，要求吴德峰携夫人戚元德、女儿岷生、勤务员肖佛先随他同机去西安。因张、杨将军派来的专机是小飞机，吴德峰与周恩来等乘机先走，戚元德及周恩来的两名副官等改乘大卡车随后赶往西安。

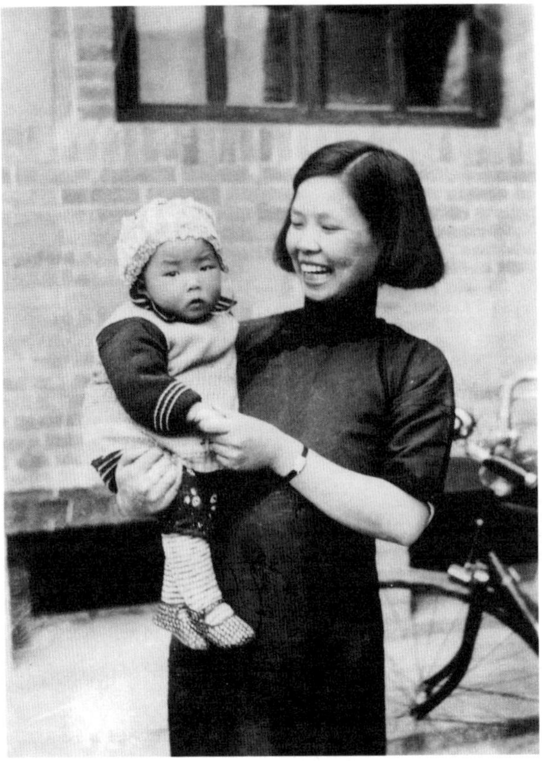

1938年，戚元德与三女儿岷生在西安

在中央的正确领导和指示下，周恩来经过一周的斡旋，于23日与国民党方面达成了六项条件：（一）改组国民党和国民政府，驱逐亲日派，容纳抗日分子；（二）释放上海爱国领袖，释放一切政治犯，保证人民的自由权利；（三）停止“剿共”政策，联合红军抗日；（四）召集各党各派各界各军的救国会议，决定抗日救亡方针；（五）与同情中国抗日的国家建立合作的关系；（六）实行其他具体的救国办法。24日，周恩来会见蒋介石，蒋介石基本同意了六项条件。25日，张学良陪同蒋介石乘飞机离开西安抵洛阳，并于26日回到南京。

西安事变的和平解决，成为扭转时局的关键，促进了中共中央逼蒋抗战方针的实现。在这场惊心动魄的伟大斗争中，吴德峰作为一个参与者，尽心尽力地协助周恩来工作，起到了自己应当起到的作用。

但是，情况很快就起了变化。蒋介石在回到南京后，即把张学良扣留，交军事法庭审判，紧接着又调集五个集团军进逼西安。形势一度扑朔迷离。

中国共产党一方面为和平而努力，一方面作好军事斗争的准备。与此同时，中央下了一着深谋远虑的棋，这就是开展秘密情报工作。根据毛泽东关于“不入虎穴焉得虎子”的指示精神，周恩来找吴德峰谈话指出，趁现在的混乱局面，中央决定他留在西安负责组织领导秘密情报机构，开展秘密情报工作。西安是陕宁边区的大门，国民党天水行营、国民党第11战区长官部、胡宗南总部均设于此地，是国民党对付中国共产党和陕甘宁边区的前哨阵

1938年，吴德峰(右)与伍云甫在西安八路军办事处内合影

地，也是反映国共两党关系的晴雨表。在西安设立秘密情报机构，是党中央的一项重要决策，对于党的工作的顺利开展具有重大意义。

中国共产党在西安有三个机构：一个是有着合法身份的红军联络处。全面抗战后，改称八路军驻西安办事处，伍云甫任办事处主任；一个是国民党认可的中共陕西省委，是个半公开的机构，省委书记为杨清（欧阳钦）：一个是直属中央领导的秘密情报机构，吴德峰负责。三个机构虽是分开的，根据不同的对象分别开展工作，但又密切配合，使党在西安的工作有条不紊。

吴德峰领导的秘密情报机构最初设在兴隆巷的一个四合院内，开始时只有吴德峰、戚元德、肖佛先三人。吴德峰化名吴铁铮，称河南信阳人氏，以《工商日报》记者身份报了户口，戚元德以家庭主妇的身份住机关，肖佛先以勤杂听差人员的身份与吴德峰、戚元德同住。周恩来曾多次到兴隆巷检查指导工作，一再强调西安情报工作的重要性，指出，西安是陕甘宁边区和中央所在地延安的门户，也是设防敌人进攻我们的前哨，是斗争最尖锐的前沿，是插入敌人心脏的尖刀，情报的及时准确与否直接关系到中央和边区人民的安危，关系到战争胜负的决策。周恩来这些重要指示，使吴德峰对秘密情报工作始终充满着使命感、责任感。1937年元旦后，邓颖超因休养治疗肺结核病也到兴隆巷与他们同住。

1937年秋，战争环境越来越恶劣，情报工作任务越来越繁重。根据形势和任务的需要，吴德峰加强了情报组织建设，陆续增加了内勤、外勤、机要、译电人员。

1938年，办公点由兴隆巷搬到了曹家巷12号，吴德峰的身份也由《工商日报》记者，变为国民党38军高参。同住机关的有陈养山夫妇、陶斯咏和高

1938年，吴德峰在西安曹家巷

生活清苦亲如一家，家务同干其乐融融，真实的地下工作者生活写照。左起高英（桌后）戚元德（桌前）肖佛先（背影）陈大嫂

英夫妇、蹇先佛、罗青长、程子平、于忠友、肖佛先等。大家以亲朋关系相互称呼，住在一起亲如一家。陈养山是一个老同志，做秘密工作有较丰富的阅历和经验，主要搞外勤，负责与敌伪的老关系联络；罗青长是四川人，口音与吴德峰相近，扮成他的表弟，担任支部书记，工作任务是搞机要内勤，主要负责与军队系统的联络；蹇先佛是湖南人，口音与吴德峰相近，吴德峰在派定她的家中身份时，风趣地对蹇先佛说，你就充当我的妹妹，家中人就称你“三姑”吧！戚元德听到这话会意地笑起来，蹇先佛立即用手指着戚元德对吴德峰说，那元德就是“六婆”啦？！引得在场的人哄堂大笑起来；陶斯咏是东北人，在铁路和东北军干过，主要负责与八办和东北军的联络，陶斯咏夫人高英文化程度不高，是一个忠厚朴实的家庭妇女，在西安没有具体分工任务，但主动帮助大家做一些内勤和应付敌人工作；于忠友是从苏联回来的，曾在东北李范五手下工作过，主要负责机要译电工作，表面上是《国风日报》的校对，白天几乎不出屋，专门睡觉，晚上翻译电报，经常通宵达旦，非常辛苦。于忠友对工作非常认真仔细，很少出差错，为了工作的方便。吴德峰给他取了一

个名字叫曹吉仁，他问为什么让他叫这个名字。吴德峰半开玩笑半认真地向他解释说，姓曹是让他对付敌人要赛过曹操，吉仁则是取吉人天相，祝愿他工作安全顺利之意。后接任译电的是岳良。

1939年，邓颖超抱着吴持生（后）和伍骊骊(伍绍祖)在西安八办

除加强机关建设外，吴德峰组建秘密情报机构的另一项主要工作就是按照隐蔽精干、长期埋伏、积蓄力量、以待时机的方针，启用、利用第一次国共合作以来潜伏下来的各种关系和反蒋抗日力量，选派一些对党坚忠、家庭关系复杂、便于掩护的共产党员打入敌人的心脏要害部门，开展秘密的情报工作，建立多层次、多角度的情报工作网络。西安情报先后在吴德峰等直接或间接领导下工作的同志有熊向晖、陈忠经、申健、戴中溶、王金平、师应三（肖德）、霍建台、姚警尘、李步青和杨晓初夫妇、王昭贤（王应慈），等等。戴中溶是陕西省委书记欧阳钦夫人黄威的哥哥，是上海交通大学电讯系毕业的高才生，后为胡宗南培训无线电报员和建立无线电通讯网，深得胡宗南信任，被胡宗南任命为司令部机要室副主任。欧阳钦得知该情况后立即通报吴德峰，他经调查考核后认为戴的经历虽然复杂，但其思想进步，对蒋打内战不满，有革命的要求，遂决定启用戴为革命工作。请示周恩来后，经黄葳做其工作，说服戴利用其手中的权力和便利条件为党工作，并先后派罗青长、王金平等与其联系。熊向晖也是党安插潜伏在胡宗南身边的秘密情报人员，当了胡宗南的侍从副官、机要秘书。肖德、霍建台等人则打入敌特组织内部，充当了敌特组织的侦缉队长以及担任国民党反动派监视我们八路军办事处的特务。

全力开展情报工作 辅助中央决策

在新民主主义革命时期，情报工作是党的工作的重要组成部分。特别是在党中央偏于延安一隅的情况下，情报工作有利于我们党了解各方面的动向，拓宽党的视野，从而有效地掌握全局，科学决策。抗战时期，我们党一方面要同日本侵略军作艰苦的斗争，另一方面又要防备国民党背后的突然袭击，情报工作尤为重要。吴德峰肩负党的重要使命，努力工作，搜集到了许多重要情报，为党中央的决策提供了重要依据。

吴德峰非常注意搜集国民党军界、政界和社会各阶层的思想动态的情报，为我们党制定“发展进步势力，争取中间势力，打击顽固势力”的方针，以及在政权建设中实行“三三制”原则提供了重要参考。

秘密工作需要同各方面人物打交道，因此长期以来，吴德峰养成了对社会各阶层思想政治动态的观察和思考的习惯。在武汉时期如此，在上海时期如此，在西安时期更是如此。几乎在秘密工作开始的同时，他就开始了对西安社会各阶层系统的、详细的调查研究，从社会上的三教九流，到国民党军、政、党、特、校官以上的头面人物，基本上都有调查，掌握了他们的政治观点、思想状况、生活习惯以及社会交往情况。他还通过关系安排戚元德到东北军办的子弟学校竞存中学任教，她经常往来于教育界、军政界和社会上一些达官贵人的太太们之间，通过与上层社会太太们打牌、聊天等结交活动，了解到不少军政官员的言行动态和军队调防行动等情况。经过比较深入系统的调查研究，他认为社会和国民党内部，左、中、右三种势力两头小中间大，呈枣核形，反对共产党、不愿抗日的和拥护共产党、坚决抗日的是少数，中间派则占多数。他将自己的这些思考写成文字材料，报告中央，受到毛泽东的高度评价。吴德峰几次回到延安，毛泽东都亲自与他长谈，了解情况，可见毛泽东对他的工作非常支持和信任。

吴德峰调查和思考的这些问题，是抗日统一战线中的重大问题，为毛泽东统一战线政策和策略的形成和发展，提供了丰富的调查资料。毛泽东提出，要把主张抗日的英美派大地主大资产阶级和反对抗日的亲日派大地主大资产阶级加以区别；把亲英美派大资产阶级为主体的国民党内的民主派和法西斯派加以区别；把汉奸亲日派中的两面分子和死硬汉奸加以区别。在正确的阶级分析基础上，中共中央提出了对国内各阶级相互关系的基本政策是：发展进步势力，争取中间势力，孤立顽固势力。为了巩固和扩大抗日民族统一战线，中央要求在根据地政权建设中坚持“三三制”原则，即共产党员、党外进步人士、中间派各占三分之一，切忌党包办一切，只破坏大地主大资产阶级的专政，并不代之以共产党的一党专政。

吴德峰非常注意搜集国民党政治动态方面的情况，为党及时制订反击措施，掌握斗争的主动权，避免陷于不利，提供了重要保证。这是秘密情报工作的重要方面。

一次，吴德峰综合分析判断各种情报资料，向中央报告国民党正在重庆召开一个反共高级会议，新的反共阴谋行动即将出台。中央接到电报后即发电询问重庆方面，回答是查无此事。周恩来对有关部门负责人说，吴德老的情报向来是准确无误的，你们再发电询问他情报来源。吴德峰即将收集到有关报纸刊登一些国民党某些特殊身份的高级人物在重庆出现的动向及字里行间的一些信息等方面情况分析，再次确认情报准确无误。党中央和周恩来再次命重庆核实，果真如吴德峰报告的情况相符，国民党确实是在重庆某地秘密召集了一个反共高级决策会议，并对高级决策会议内容作了进一步的了解，为党制定对策提供了依据。

抗日战争进入相持阶段后，以蒋介石为代表的国民党亲英美派集团表现出很大的妥协倒退倾向。1939年1月，国民党五届五中全会制定了“溶共”“防共”和“限共”的方针。其后，国民党陆续制定和秘密颁发《防止异党活动办法》《共党问题处置办法》《沦陷区防范共党活动办法》等一系列反共文件。吴德峰把这些情况及时向中央作了汇报，中央根据这些情况以及其他渠道的情报反映，编写了《摩擦从何而来》的小册子，揭露了国民党的阴谋。同时，中共中央提出了坚持抗战、团结、进步的方针，7月7日，中共中央为纪念全国抗战两周年发表对时局宣言，明确提出：“坚持抗战到底，反对中途妥协”；“巩固国内团结，反对内部分裂”；“力求全国进步，反对向后倒退”。

吴德峰非常注意搜集国民党军事动态方面的情况，为党及时制定正确的军事策略，打破国民党军的军事进攻，提供了重要保证。这是秘密情报工作的主体。

据戚元德回忆，吴德峰曾讲过：很多人把情报工作看成仅是简单的潜入偷拿、窃听、调包等行为，那是片面不完全的。实际很多的情报就存在于社会市井与千变万化的现实生活之中。任何事物的发生演变，都会留下蛛丝马迹可寻。即便同一件事有可能来源、渠道不同而情报有异，这就要靠调查研究、综合分析、有的放矢地去复查佐证，才能取得及时准确、真实可靠的情报。不是所有的情报取得都可用，必须分辨真假、去伪存真。否则就真成了“蒋干盗书”，中了周瑜反间计。情报工作里面有很多的学问、内涵，要有丰富的阅历、渊博的知识、充分的实践经验、深沉的思维、敏锐的触觉、果断的判断……在这一点上没有投机取巧及想当然而言。那种用女色、牺牲肉体去窃换情报是最原始下三烂不堪取用的手段。我们党从秘密机构创建开始之初就三令五申，作为一项严格的组织纪律绝对禁止。

1939年冬至1940年春，国民党顽固派的反共活动迅速扩大。他们由制造小规模的军事磨擦，发展到几个地区向根据地军民发动较大规模的武装进攻，由此抗战中掀起第一次反共高潮。这次反共高潮的重点地区是陕甘宁边区、山西和河北地区。

国民党顽固派首先把矛头指向陕甘宁边区。吴德峰通过各种的关系，获得了大量可靠的情报，及时报告中央。中共中央本着有理、有利、有节的原则，从抗战大局出发，派谢觉哉为代表同国民党当局谈判，力求避免冲突。八路军总部和留守兵团先后致电蒋介石并通电全国，呼吁停止进攻边区，反对枪口对内，要求撤退包围边区的国民党军队。但因国民党方面一意孤行，不听劝告，致使谈判未获结果。根据地军民被迫进行自卫还击，因为情报准确，狠狠地打击了来犯顽军，使陕甘宁边区获得统一和安定。

山西是国民党顽固派制造反共磨擦的另一个重点地区。1939年12月，阎锡山诬蔑新军“叛变”，调集重兵围攻驻守晋西的决死队第二纵队和八路军晋西独立支队，破坏永和、石楼、洪洞等六个县的抗日民主政权和群众组织，杀害抗日干部及八路军后方医院伤病员共200余人。在这一阶段中，吴德峰工作非常紧张，经常昼夜连轴转，搜集来自各方的情报信息，通过各种渠道方式及时送达延安，内容包括国民党军队的调防、人事变动及军警特宪的联合行动、对策以及国民党上层腐败、内部相互倾轧、钩心斗角等无所不及。

在国民党第一次反共高潮中，吴德峰由于过分的工作及用脑过度，经常头痛、呕吐，患上严重神经衰弱失眠症。尽管如此他一天也没有休息，坚持带病工作，头上经常带一个金属的健脑器防治头痛、头晕。

1938年，吴德峰带健脑器在曹家巷

秘密情报工作的卓越领导人

秘密情报工作是一项高风险的职业，随时都有可能牺牲生命，需要有崇高的理想信念、坚定沉着的优秀品质、缜密细致的工作作风，吴德峰就是这样的人。他长期从事秘密工作积累了极为丰富的经验，表现出雄才大略、过人胆识和高贵品质，不愧是我们党秘密情报工作的卓越领导人。

吴德峰认为，做秘密工作必须对党的事业有坚定的信念，为了革命事业能够不为名、不为利，不怕苦、不怕累、不怕牺牲生命。吴德峰及其领导的情报工作人员都是这样的人。在曹家巷12号居住的时候，大家都没有任何任命和职务。一次陶斯咏问吴德峰："我的职务是什么？"他答："共产党员。"陶斯咏又问："您呢？"他答："负有一定责任的共产党员。"陶斯咏又问："我们组织名称叫什么？"他一字一句地答："共——产——党！"吴德峰经常对戚元德说，这些孩子（吴德峰一直把这些年轻的娃娃视为自己的子弟），党把他们交给我们，就是我们的责任，只能带好，不能出任何纰漏，他们中间大多数没有做秘密工作的经验，对国统区的复杂情况不了解不熟悉，要点滴不漏地随时提醒、指正、告诫他们，在思想上教育他们树立正确的世界观、价值观、人生观，坚定马列主义信仰和共产主义理想，明确党交给的工作任务性质、目的、重要意义和危险性，随时准备为党为共产主义事业牺牲自己的生命。吴德峰就以身作则做了最坏的打算。当时，他住房堂屋正面墙上有一个佛龛洞，他就把从延安带来的两支长征用的手枪，子弹压上堂放在里面，外面用一张神像隔挡糊死，一旦出现不得已紧急情况捅开纸随手就可取出手枪自卫，并和戚元德约定最后一颗子弹是留给自己的。他经常说："间谍，只有死间！没有活间！勇敢坚定者被敌人抓住只能捐躯，贪生怕死者、叛变者，组织是决不会饶过的，敌人也只视为赖皮狗始用终弃，决不会有好下场。"的确，长期打入敌人内部的同志连党的组织关系活动都要暂停，不能找党，只能党找他，党不启用时，不准发生与党的任何关系，孤军作战，甚至父母、妻子、儿女都不准联系，断绝一切可能暴露身份的关系与往来。完成任务回来后，他们的工作情况只有少数领导和部门知道，必须经组织严格考查审核后才能重新恢复组织关系，重新安排工作，很多秘密情报工作的英雄人物，其功绩记录在案但不允许公开表扬宣传，他们在平凡的岗位上默默无闻地继续为党工作。有的同志牺牲了，因工作需要也不能公布真实身份，甚至家属也不能公开享受烈士遗属待遇。

吴德峰经常告诫大家，作为秘密工作人员必须有很强的心理素质和承受能力，遇事要果断，要大胆细心、坚强自信，决不可惊慌失措，露出点滴破绽，任何微小的蛛丝马迹都可能引起敌人警觉怀疑并酿成大祸。他曾向大家列举了两个事例：一个秘密交通员将秘件放在点心盒内乘公共汽车，正好遇警特搜查，他用手指钩住点心盒绳子放窗外，等查到他时，他不得已只好放手，点心盒掉在车外，结果被在下面的警特发现抓走；另一个交通员也遇到同样的事，他在特务上车前就装肚子饿了，信手将点心盒打开，将文件随点心一起吃到肚子里，平安躲过搜查。

吴德峰也常有遭遇危险的经历。一次，罗青长手提一个手提箱，箱中带着一份机密文件，随吴德峰同行，走在街上。敌人突然卡住两边路口要例行检查。就在进退无路之时，他在后面提示罗青长继续向前走，进了街边的一家书店。进店后，吴德峰选了一本软皮碑文单行本字帖，借拿钱打开箱子迅速将文件取出夹进碑帖的双页夹层中，转手递给店员用书店纸卷起来，接书时故意付了一张大票子，示意罗青长等候找钱，他则拿着书就先走了。罗青长出书店时，看见他已走近哨卡正等候搜查，只见他从容不迫地举起双手，将纸包书卷举过头顶让警特搜身。警特搜完后一挥手让他过去，吴德峰走了几步自然地将手放下，并故意用疑惑的眼光向警察说："先生，这书……"这时警特正在搜下一个人，抬起头来看了他手中的书一眼，不耐烦地挥挥手表示不看了，吴德峰这才从容不迫地转身大步离去。事后，罗青长问他为什么那样做，他说："我高高地将手举起是让书躲过警特的视线，我手慢慢放下走三步后书又落入警察的视线范围，我主动示意让他看是消除他的疑心……"

吴德峰对不同的岗位，不同的人，因人、因事、因条件而施教，不断提高情报人员的思想政治水平和业务水平。于忠友刚从苏联回来，被派到情报部门工作，公开身份是西安《国风日报》校对。吴德峰就从生活上一点一滴教他如何适应国统区环境，从制装、吃饭，说话、为人处事、如何开展工作等事事把关帮教。一次，于忠友为了制装省钱，在鬼市上买了一双便宜的皮鞋，结果穿了两三天，一下雨，底掉了、帮坏了，原来是一双用牛皮纸壳裱糊后再用染料油漆涂抹修整的破旧皮鞋。吴德峰知道后对他进行了严肃的批评教育，并耐心地和他谈了很长时间的话，告诉他鬼市是怎么一回事，《国风日报》是什么来头，连达官贵人都怕招惹的报混子怎么会跑到鬼市去上当受骗，这不但惹人笑话，还会引起警特人员的怀疑。他告诫于忠友，做秘密工作任何时候都要谨慎，装什么就要像什么，点滴不漏，你现在冒充《国风日报》的校对职员，你就要了解这份报纸的历史、关系、背景、职员作风做派。吴德峰还让戚元德给他上了一堂西安的社会风俗人情课。他还教于忠友如何保护机要密码，他把密码交给于忠友后让于忠友隐藏密电码，然后由自己去找。于忠友藏了好几个地方都被吴德峰一下子找出来。吴德峰提示于忠友，最好的地方是藏在明处，敌人意想不到和自己取用方便的地方。第二天一大早，于忠友又请吴德峰到他那儿去找，这次他确实费了一番周折，最后站在屋门口环视屋内上下左右，突然发现于忠友今天很勤快，一大早起来就把地扫过还喷了水，断定关节在地上。果然，吴德峰发现进门口的一块砖有干灰扫过的痕迹，仔细观察砖缝有异样，他用刀一下把那块砖撬开，将电码拿了出来。于忠友像泄了气的皮球，表示自己再也想不出藏的地方了。他笑了，说这地方选的不错，敌人第一脚进来就踩在这砖上，怎么也不会想到他脚下就踩着密电码，并告诉于忠友，自己找出密码的症结关键，是太了解于忠友的习性和观察到砖缝的微小异样，提醒于忠友要注意改进，要就地取材，不应另取干灰扫缝，更不该扫完地后再喷水画蛇添足露出蛛丝马迹。

吴德峰对每个情报人员的任务、职责分工明确，任何人不得越雷池半步，他要求人非常严格，批评人非常严厉，连戚元德也一样毫不留情。他经常说，执行特殊任务是提着头干革命，任务执行过程只有原则，没有自我，只有集中，没有民主，姑息养奸只会害人、害己、害整体，一旦铸成大错，后悔莫及。组织上曾介绍一位同志来配合他的工作，这位同志有窃取机密的绝技和手段。当时大家津贴很少，为应付环境买双丝袜、领带、化装用品等都要从口中省，这位同志得知后经常从外面带些丝袜等日用品回来分给大家用。一次，二次，吴德峰觉得不对头便追问他，他承认是从商店窃拿的，吴德峰立刻批评制止他这种行为，但这位同志屡教不改。后来才知道他出生一个豪富家庭，父亲有大小老婆数人，互相钩心斗角，你争我夺，从小在大人的不良指使和变态教育下窃拿成性成瘾，凡是看上的东西不拿就不舒服。这位同志自己也承认，就是给最好的朋友煎药，第一遍药他不喝就不甘心，患了窃痴狂病症。为了顾全大局，他最后忍痛将这位同志退走，后来，这位同志在执行一次战斗任务中壮烈牺牲。这位同志是一位革命的英勇战士，但未必是一位优秀的特工人员。总之，由于吴德峰认真负责、果断、严谨、严厉的工作作风，这使他领导的情报工作几乎没有出过大事故，对出现的问题和隐患他都能立即纠正排除，并事后极力承担责任，从不上推下卸。与他长期共事的人慢慢都非常理解、佩服、尊重他，视他为师长。

吴德峰工作时非常严厉，但生活中却很有情趣。他性格开朗，愿意和同志们谈古论今，开玩笑，讲笑话，经常妙语横生，活跃同志们的生活气氛。他还非常喜爱摄影，有不少的照片背面都留有他记录拍摄的时间、地点、人物内容的风趣话语，如“邓小超若有所思！”“危拱之叶剑英打热锤（恋爱）时抱着岷生在翠华山”，最有趣的一张是陈养山夫人陈大嫂抱着小儿子在喂

照片后题字：小超树下削梨吃！在翠华山，1938年春

奶，大儿子顽皮地跪在旁边，吴德峰拍下的“三娘教子”的照片洗出来逗得同志们大笑不已。在生活上，他让戚元德经常关心照顾年轻同志。当时于忠友经常是在夜间工作，几乎每天半夜戚元德都要起来给他做夜宵，甚至把给孩子买的饼干、鸡蛋、花生放在于忠友的屋中，以备他犯困犯饿随时吃。开始大多数青年不会缝补、洗刷，料理自己的生活，戚元德就手把手地教他们。于忠友西装革履，但总是皱皱巴巴的，有一股异味，戚元德仔细观察才发现他不会洗衣服，洗的时候总是在水里泡几天胡乱揉几把也不拧就带水拿出来晾或干脆不洗，脏了放在一起挑选，比着稍干净点儿的换着穿。戚元德要给他洗，他不肯，戚元

“三娘教子”

德就趁他不在时个全部搜出来洗干净晾在院里。他回来后看到很不好意思，主动要求跟戚元德学洗衣服，规范生活习惯，从此穿得整齐干净。

吴德峰搞情报工作胆大心细、随机应变、镇定自若是出了名的。在曹家巷12号时，旁边13号宅院住的是位姓赵的房主，后来改住国民党十战区政治部主任和特务机关。吴德峰立即召集大家说明情况，分析研究对策。有人认为与狼为邻总是危险的，主张立即搬。他则不主张马上搬迁，并以“灯下黑”的理论说服大家，认为与国民党军政特务机关为邻居实际上多了一个保护伞，谁也想不到，也不会去想共产党的情报机关敢在他们的眼皮底下安营扎寨，纵然要搬也要周旋一段时间寻找适当时机搬，否则他们一来我们就搬会引起敌人的怀疑警觉。他同时提醒大家注意，决不可掉以轻心，今后讲话、做事、行动都要特别谨慎，按分工各守其职，演好自己的角色。借助这把保护伞，有一段时间，军警特宪上门捣乱的人几乎绝迹了。有一次，吴德峰大白天被军统特务盯上，这时已经走到曹家巷胡同，他灵机一动，便径直朝隔壁中统机关走去，在门口一按门铃，特务出来问：“干什么的？”他说“找赵先生。”“搬走了。”“搬到哪儿去了？”“不知道。”这样一问一答拖延了一段时间，然后他在门洞里点支烟慢慢走出来，一看后面的特务早就没影了。

还有一次，他带着秘密文件出门，不久被敌人盯上了。他叫来黄包车坐上，要车夫拉他到陕西省政府，省政府门口站着值班警卫，戒备森严。但吴德峰镇定自若，随机应变，当时报社、政府机构的人都佩有大同小异的徽章，他当时穿着一套非常考究的中山装，就顺势把携带的报社徽章半遮半露地别在外衣口袋上。然后他神气十足、大摇大摆地往里走，门岗一看来头不小，没敢阻拦，喊一声“敬礼”，放他进去了。他进去后佯装找一个早已调走的处长，拖了一段时间，才从省政府后门走了出来，把盯梢的特务甩在大门外傻等。

1939年夏，国民党制造国共两党磨擦闹分裂活动越来越明显，情报工作的工作环境、任务也越来越困难艰巨。为缩小目标，吴德峰决定大家分散活动。于是，他开始了第三次搬家，他和戚元德、肖佛先等人搬至教场巷居住，其他的人则分出去另住。

1939年底1940年初，八路军办事处的收发员彭宗潘被敌特突击（即突然秘密抓去又突然放出做内奸），供出所谓“中共陕西省地下党省委书记吴铁铮”，国民党特务如临大敌，密令重金悬赏四处捉拿吴铁铮。事情的经过是这样的，彭宗潘在西安办事处任收发，有贪污抗日爱国学生所寄捐款的嫌疑，正在查处中。一次外出被特务盯上，突击抓去威逼引诱叛变，供出所谓的“吴铁铮是中共陕西省省委书记”。为放长线钓大鱼，特务随即将他放出，让他回办事处做内奸，寻找、指证、抓到吴铁铮。此情况由我打入国民党特务机关的秘密情报人员报告吴德峰，情报机关立即对彭宗潘反突击，将其秘密抓审，得知他并没有见过吴德峰，而是一次偶然听到隔壁房间八路军办事处某负责人布置有关人说今晚吴铁铮来，加强保卫，不准任何人进内院，因此猜想吴铁铮一定是党内重要人物，敌人威逼他，他讲不出什么，就胡说吴铁铮是中共陕西省委书记。吴德峰根据自己手中掌握的胡宗南部队高中级军官中有一个同名同姓叫吴铁铮的湖北人，于是让内线报上去，让彭宗潘指证“好像是，但个头好像矮了一点，晚上看不清楚……”的模棱两可的话，后经国民党特务机关查证此人是黄埔军校学生，其确在大革命时期参加过共产党活动，所以将他作为嫌疑犯抓去关押了很久。后因他与胡宗南同过学，在胡的保释下才放出来。解放石家庄时，他是国民党第三军副参谋长，被我军俘获，聂荣臻一天见到吴德峰开玩笑谈到此人，说我们抓到一个国民党副参谋长也叫吴铁铮。吴德峰专门将此人提来审讯，问到他在西安被抓的事，他还糊里糊涂地不知道做了吴德峰的替身，自认为是有进步言论或怀疑他与贩卖烟土有关被关押。这一场“假吴铁铮审真吴铁铮”的“双包”案，一时间在党内传为佳话。

周恩来在重庆也得到国民党内部以重金悬赏捉拿吴铁铮的消息，为了吴德峰的安全，周恩来指示他立即转移撤回延安。当时吴德峰正在参与策划倒戈CC系特务头目二陈（陈立夫、陈果夫）、支持朱家骅上台取代二陈的重大行动，弓已拉开，箭在弦上，工作不能中断。原来，当时二陈与朱家骅权力之争达到白热化，二陈失宠蒋介石，吴德峰利用朱家骅上台的间隙，大量利用关系将我们的同志打入敌特各级机关、机密要害部门。他为此事曾专门回延安请示汇报，并挑选了一批可靠、忠实、坚定的特工人员。这项工作取得了重要进展，但时间不长二陈又取信蒋介石挤走朱家骅，因此有部分准备好派往全国各地的机要、电台、译报人员未能派遣出去，后留在西安等地工作。

基于以上考虑，吴德峰向中央报告说，从我们打入敌人内部，掌握的情况分析，敌人暂时不会怀疑到他头上，且“吴铁铮”已抓到并关押进监狱，加上我们的人继续推波助澜，这笔糊涂账在短期内国民党特务是绝对理不清的，待任务完成后再撤也来得及。中央和周恩来再三斟酌，同意他继续留下来工作。但这期间又发生一件事。1940年春末的一天，他在大街上遇着了一个大革命时期曾在他手下工作过的武汉人上前叫他吴局长，他立即正色用纯正的陕西话回答说：“我不是”，马上侧身离开，随后立即派人跟踪调查这人的现时身份、情况，知其现在国民党特务机关工作，并了解到他回去后曾对同事讲：“真霉气，我今天看见一个人像是在大革命时期的武汉市公安局长，结果一问是个陕西佬。”此情况报告中央后，为了以防万一，中央立即通知他回延安汇报工作。

在西安期间，吴德峰见到了阔别多年的岳父和继岳母。原来，武汉沦陷前，局面很混乱，国民党的军政要员、政府机关、学校、老百姓大量外迁、外逃。戚元德的父亲和继母也准备全家逃难，后因无钱只买了一张船票，另给水手塞了点钱搞到一张黄鱼票（黑票）。戚元德的父亲让继母带着戚元德的弟弟戚元靖先走，戚元德的继母坚持让戚元德的父亲带着戚元靖先走。正在相互推让难舍难分之际，正在八路军武汉办事处视察工作的周恩来想到了这两位老人，得知二老上述情况后，立即叫人买了三张去西安的闷罐子火车票，第二天将二老和戚元靖送上去西安的火车。吴德峰夫妇在西安车站见到两位老人时，非常激动，非常高兴。

1940年6月，中共中央正式调吴德峰回延安工作，任中央交通局局长，他由此离开了工作近四年的西安。吴德峰搞秘密情报工作外享有很高的声誉，国民党曾称他为“老奸巨猾”的“中共高级特工人员”。解放后，张治中去西安进行调查，并写了《国共两党之比较》一书。他在给蒋介石的万言书中，讲到国共两党特务工作之比较时说：你是最相信特务的，你用了最大力量让戴笠同胡宗南合作，认为西安的特务工作是最成功的。可是解放后我到西安一看，就在胡宗南总部周围，安装有三部共产党秘密电台，你的命令发出后，不到两个小时，中共总部就全部知道，而你的部下还不知道。你所用的特务都是

1940年，吴德峰、谢觉哉、林彪、邓小平、李伯钊、杨尚昆、董必武（前两排自左至右）在西安八路军办事处合影

社会渣滓，为人民所唾弃；共产党人所做这项工作的都是党中的优秀干部、忠诚党员，而且足智多谋。从这一点来看，你靠特务起家，又以特务失败告终，胡宗南最后全军覆没其为原因之一。这是对吴德峰和在西安从事秘密工作的同志工作的客观评价。

八、延安岁月

延安是位于黄土高原、黄河支流延河中段一个小盆地内的一座山城。1937年1月，中共中央由保安迁到延安，在这里一呆就是十年的时间。自从中共中央来到延安后，这里成为中国人民向往的革命圣地。吴德峰在延安工作和生活了五年的时间。在这里，他继续从事情报和交通领导工作，参加大生产运动，参加延安整风，参加党的七大。延安的五年是他革命生涯的一段重要经历。

担任中央交通局局长

1940年，周恩来，任弼时从苏联回来，根据共产国际和斯大林要求，加强中共与国际联络工作。1940年6月中共中央决定由吴德峰再度组建成立中央交通局，担任交通局长，将中组部二科既交通科归并过来直属政治局书记处，先由周恩来后由任弼时等领导。中央交通局对外有一个很特别的名称，即“中共中央农村工作委员会”。实际上，农委并不管农村的事，干的仍然是机要交通工作，主要负责敌后及国民党统治区的交通，派遣和护送干部到晋察冀、华北、太行山等地开展工作，并承担与国际特别是苏联的联系。

农委是一个新组建的单位，为了保密，机关最初设在枣园旁边的侯家沟的后沟，后搬到杨家岭的后沟。吴德峰到任后，首先抓机关建设。他精心挑选了一批干部，农委正副秘书长先后有王吉仁、王福、李惠（李慕英），国际、国内处处长唐彬、苏华、王琳，电台台长是段玉明（段子俊），办公室帅光（帅孟奇），组织审干戚元德，特派员有林凯、李春田、宋志远（傅文忱）等，后勤总务李荣华……

吴德峰到任的第二个月月底，就接受了派送一批秘密工作干部到西安的任务。他带着整整一卡车刚刚培养出来的地下工作人员，包括发报员、译电员和机要员去西安分配工作。当时名为国共合作，实际是国民党处处设防封锁，派送途中通过了胡宗南的封锁和种种障碍，才到达西安八路军办事处。曾三接待了吴德峰一行。待这些秘密工作干部分赴全国各地之后，吴德峰又在八路军办事处住了几天，然后化装成国民党陕西省党部高级官员返回延安。这次行动是他西安秘密情报工作的延续。

1945年，吴德峰、戚元德与女儿持生、儿子曙生在杨家岭后沟窑洞前合影

抗日战争进入相持阶段以后，各地特别是各根据地需要大批干部，同时延安的许多干部也需要到各地工作，因此，开辟延安至各地的交通线就十分重要。在吴德峰的领导下，“农委”建立健全了延安至内蒙、新疆、上海、重庆、晋察冀、华北、太行山、东北等各地的秘密交通线，交换秘密情报、机密文件、运送物资、派遣和输送干部等工作很好地开展起来。他还组织工作人员在“农委”的窑洞顶上树起了与莫斯科联系的电台天线，其电台负责中共中央与共产国际和苏共中央的联系。与此同时，还建立了经内蒙和经兰州、新疆往来苏联的两条国际交通线，保证了延安与共产国际和苏联的交通畅通。

40年代前期，党内交通有几次重大行动。一是1941年皖南事变后部分突围的新四军指战员转移到苏北；二是1941年至1943年全国各地主要县团干部到延安参加党的整风运动和党的七大；三是1942年刘少奇从华中局回到延安；四是一批又一批党的干部和优秀青年从延安顺利奔赴各个革命岗位；五是一批又一批向往进步、追求光明的青年学生、爱国民主人士，从白区来到延安。这些大的交通行动，都是在中央交通局的统一领导、统一协调操作下进行的。

1941年1月，蒋介石不顾国家民族危亡，破坏国共合作，屠杀抗日将士，发动了震惊中外的皖南事变。项英副军长等新四军指战员大部分壮烈牺牲，叶挺军长身负重伤不幸被俘。部分突围出来的同志许多是由党内交通辗转护送到苏北抗日根据地。在敌人封锁十分严密的情况下，党内交通护送他们通过铁路、公路渡过小江、小河。每到一站，交通员都给他们做饭烧水，安排休息，最终使这些抗日英雄们安全到达根据地。

从1942年开始，中国共产党在党内进行了整风运动，这是全党范围的马克思列宁主义、毛泽东思想的教育运动。为此，党中央将全国各根据地团以上主要干部数千人集中到延安参加整风。这些干部基本上都是由党内交通带路和护送的。抗日根据地遍及华北、华东、华中以至海南岛等地，从这些根据地到延安要跨越几个省，要经过敌占区。当时，抗日战争正处于相持阶段，日本帝国主义者抽调在华百分之九十以上的军力集中于共产党领导的各个根据地的周围，进行连续的铁壁合围，铁流“扫荡”策略，实行残酷的“三光”，着重打击我党领导的八路军和新四军。同时，国民党在短期内发动两次反共高潮，致使我党在1940年至1942年这三年中处于极端困难的地位。在这种十分艰难的情况下，党内交通人员克服一切困难，在广大革命群众的帮助下，通过敌人一道一道封锁线，想方设法把大批干部安全护送到延安，参加具有伟大历史意义的整风运动。这次运动使广大干部在思想上大大提高了一步。

1942年，担任华中局书记和新四军政委的刘少奇一行人从苏北回延安，党内交通参与了护送工作。3月8日，刘少奇从单家港启程，途经山东分局、湖西区、鲁西区、北方局、太岳区、晋绥分局，于12月底平安返回延安。途中负责带路和护送任务的党内交通，采取接力的办法一段一段转送。如从山东田黄到晋冀鲁豫边区由山东分局组织交通员参加护送；在晋冀鲁豫边区范围内由边区的交通员参加护送……党内交通护送随刘少奇一行在炎热的暑天，爬过了高入云霄的太行山；在酷寒的隆冬，穿越了冰封雪盖的吕梁山。刘少奇一行一路共穿越日伪军和国民党顽固军的103道严密封锁线，多次遇到日伪军的“扫荡”和顽固军的伏击。在那样艰险的行军过程中，党内交通人员克服各种困难，配合部队，经过十个月的日夜行军，护送刘少奇等安全到达延安。

农委还有一重要工作，就是审干。当时派出去搞秘密情报工作的同志都是单线联系，甚至长期潜伏在敌人内部，停止一切组织关系，不准与外界任何人取得联系。这些同志回来后都要通过严格的政治审查，经组织确定没有问题时才能恢复组织生活，重新分配工作。吴德峰要求搞审干工作的同志一定要仔细再仔细，慎之又慎，既不能冤枉一个好人，又不能放过一个坏人。当时，经农委记载整理了不少同志可歌可泣的事迹和情况，其中不少无名英雄始终鲜为人知，甚至有的为革命牺牲了生命，他们的父母、妻子、儿女亲友都不知道他们的真实身份和政治面目。

开展大生产运动

延安的生活相当艰苦，但吴德峰对自己和家庭要求相当严格，从不谋一己之私。由于生活条件很差，孩子很馋。一次肖佛先带吴持生（吴德峰女儿）路过一个卖黑馍（没有去麸子的面做成的馒头）的饭棚（实际上是农委设的眼线点），吴持生哭着闹着不肯走，伸手要黑馍吃，肖佛先没钱，通过新来的勤务员找司务长讨了点伙食尾子，给吴持生买了个馒头。吴德峰知道后大发脾气，狠狠地批评了肖佛先一顿，并立即让戚元德从他们的生活津贴中扣除还回去。但吴德峰对同志却是十分热心。当时在延安经常吃的是五谷杂粮，没有特殊情况很少见到面和馍。一次，陶斯咏到侯家沟来看吴德峰，吴德峰叫警卫员给他去打了一份馒头，不够吃，继续打了两份，他一气吃了六个大馒头，落了个“馒头首长”的绰号。后来警卫员去打客饭时，炊事班的班长都要问一问是不是那个“馒头首长”又来了。

正当陕甘宁边区的工作有条不紊地向前发展时，边区遇到的困难也愈来愈大，主要反映在财政经济问题上。正如毛泽东指出的：“最大的一次困难是在1940年和1941年，国民党的两次反共磨擦，都在这一时期。我们曾经弄到几乎没有饭吃，没有衣穿，没有油吃，没有纸，没有菜，战士没有鞋袜，工作人员在冬天没有被盖。国民党用停发经费和经济封锁来对待我们，企图把我们困死，我们的困难真是大极了。”正是在这种情况下，毛泽东响亮地向全党发出了“自己动手，丰衣足食”的号召，指导边区和各根据地开展大生产运动。

吴德峰回到延安之时，正是大生产运动刚刚开始的时候。吴德峰领导中央农委，除搞好正常的业务外，积极响应党中央号召，开展了大生产运动，并提出了实行自给自足、不要中央财政补贴的生产目标。中央农委的大生产运动首先是抓纺纱。他从干部中找到一位懂得纺纱技术的上海籍同志牵头，从西安弄来了几部木制纺纱机，很快开始工作。同时，农委利用骡马为部队运盐、粮食和木炭，解决了不少困难。一时间，农委驻地侯家沟热闹非凡，干部们劲头十足地开展大生产运动，将一条荒野的小山沟闹得轰轰烈烈。不久，农委机关每人发了一套“洋布”衣服。这件事在延安引起轰动。1941年夏，毛泽东、朱德、任弼时等中央领导到农委机关开了一个庆祝会，毛泽东在会上讲了话，肯定了农委响应中央号召开展大生产运动取得的显著成绩。毛泽东等中央领导还在农委机关吃了中午饭。

农委搬到杨家岭后，中央号召全体同志继续开展大生产运动，组织干部纺线。在纺线中，由于任务不同，纺的时间也不同，为促使这一活动健康开展，中央还在中央大礼堂举办纺纱现场比赛，按照每人纺的数量、质量分甲、乙、丙三个等级奖励先进。中央农委的孟宪如是获得“突击手”奖章者之一。

当时，房屋比较紧张，在搞好纺线的同时，吴德峰为解决农委房屋不足的问题，特地组织干部打了三孔窑洞，改善了工作条件。为了绿化农委的工作环境，他还带领农委干部在靠近窑洞的山下、路旁都栽上树，并在农委干部居住的窑洞背后坡上种了一大片枣树，改变了这里光山秃岭的面貌。

1945年元旦，吴德峰组织了一次文艺晚会，农委的同志们根据中央指示结合自己的工作，编了一首“自给自足在杨家岭，发动了生产大运动，毛主席也来参加生产，谁说生产不光荣；农委生产搞得好，自己动手打了三面窑……”的歌词，配上小调，流传整个延安。这也算是中央农村工作委员开展大生产运动的一个小小的总结。

1943年夏，农村工作委员会搬到杨家岭的后沟后，吴德峰与中央领导同志来往比较更密切，周恩来、董必武、王震常到吴家。王震外号“王胡子”，在湘赣苏区、湘鄂川黔苏区和长征中与吴德峰合作共事，相互配合，交谊很深。王震经常到吴德峰家来，有时晚了就在家过夜，与他促膝谈心。那时候，凡找不到王震的下落时，只要找到吴家，十有八九会找到他。

1945年6月，吴德峰过五十生日（中国人习惯，中老年人过“望生”，即49岁生日叫50岁），周恩来、任弼时等以个人名义到吴德峰家祝贺。他们认识也很早，特别是在上海工作期间结下了深厚的友谊。农委机关还送了吴德峰一块用棉花粘成的大“寿”匾。

吴德峰平时工作非常认真严肃、一丝不苟，对己对人要求都非常严格，但在生活中却豁达开朗，经常喜欢开玩笑、讲笑话。就在1945年元旦文艺演出晚会上，不少老同志应邀上台表演，曾宪植清唱了一段程(砚秋)派《贺后骂殿》的唱段，醇厚动听，受到大家热烈鼓掌欢迎。那天曾宪植唱到高亢处，吴德峰带头鼓掌叫好，并一再鼓动大家要她再来一个。曾宪植反过来起鼓动大家欢迎吴德峰上台唱一个。哪知道吴德峰毫不谦让地走上台，用他那五音不全的汉腔唱起了周信芳的《萧何月下追韩信》，再加上他那别出心裁的表演姿态，把台下的观众逗得前仰后合、东倒西歪。曾宪植笑得一手捂着肚子、一手指着他高喊：吴德峰！你下来吧！要不然你就拿把刀子把我杀了吧！吴德峰在台上故意装着听不清说，什么？唱得好？还要再来一个？更把整个会场笑得人仰马翻。这就是老一代革命战友、同志当年在延安艰苦环境下的文化娱乐生活情趣和革命乐观主义精神的写照。

吴德峰在延安期间，还到党校参加了学习。在党校学习期间，无论在政治上、生活上对吴德峰来讲，都充满了朝气和从未有过的轻松愉快。很多老同志进了党校都像年轻了几十岁。吴德峰住党校时和谭余保、许建国、吴德住同一间宿舍，每天都是趣闻笑话不断。吴德峰和谭余保睡觉打呼噜是常事，经常吵得许建国、吴德不能入眠。于是四人约定，每天许建国、吴德先睡着后，吴德峰和谭余保再睡。一天仍按老规矩，谁知许建国、吴德先睡还未入眠，吴德峰和谭余保呼噜响声已大作。许建国叫不醒他们就将两只臭袜子放在他们嘴上，一会他俩醒了，知是许恶作剧，就反开玩笑每人在许的一只马靴中尿了一泡尿。许第二天穿靴，开始不知还大嚷外面的雨水灌进屋子了，惹得大家大笑不止。有一次毛泽东和吴德开玩笑说：“吴德，就是没有德。”吴德接过来笑着说，有个老兄比我还厉害，登峰造极到了顶峰叫无(吴)德峰……

参加延安整风运动

从1942年春天开始，党中央在领导抗日根据地军民开展大生产运动的同时，在全党范围内发动了一场长达三年时间的整风运动，以克服党内由来已久的主观主义、宗派主义和党八股的问题，这是一次普遍的马克思主义教育运动。为整风运动作准备，1941年5月19日，毛泽东在杨家岭中央大礼堂中央宣传干部会上作《改造我们的学习》的报告，对党内存在的种种不良现象进行了尖锐的批评。

吴德峰听到毛泽东这个讲话后，感触很深，深感开展整风运动，反对主观主义以整顿学风，反对宗派主义以整顿作风，反对党八股以整顿文风的重要性和必要性，能够自觉地以积极的心态参加到整风运动中来。他认真学习中央指定的整风文件，特别是毛泽东的重要讲话和《六大以前》《六大以来》等文件，同时紧密联系个人的思想和工作实际，自我反省，开展批评和自我批评，不断提高认识，总结经验，增强党性，改进工作。

从1943年9月起，中央领导层的整风进入讨论党的历史问题阶段。1944年4月12日，毛泽东在延安高级干部会议上传达了中央关于几个历史问题的结论，强调研究党的历史经验的正确态度是：既要使干部对于党内历史问题在思想上完全弄清楚，又要对于历史上犯过错误的同志在作结论时取宽大方针；不要着重于一些个别同志的责任方面，而应着重于当时环境的分析；对于人的处理问题取慎重态度，既不含糊敷衍，又不损害同志；对于任何问题取分析态度，不要否定一切，尽量避免作绝对肯定或绝对否定的简单结论。他还指出，这次整风，要着重清算1931年至1934年的"左"倾路线错误。

根据中央的部署和要求，在此前后，有关方面分别召开了总结党的历史经验的座谈会，如湘鄂赣、湘赣、鄂豫皖、闽粤等边区，赣东北、闽西、潮梅等地区及红七军、红五军团历史座谈会和华北座谈会等。湘赣工作座谈会是1944年10月召开的。会议检讨了湘赣各个历史时期的"左"倾错误，与会者对自己的工作也进行了反省，基本上达到了总结经验，弄清思想，改进工作的目的。

但是在讨论湘赣苏区抓"AB团"肃反扩大化问题时，一些人将矛头焦点突然转到吴德峰的头上，说："吴德峰到湘赣后肃反扩大化最严重，抓、关、杀人最多，达到极点、最高潮……"甚至将他还在罚徒刑未任湘赣保卫局局长之前，"左"倾教条主义者整王首道、抓袁德生等以及后来突围时枪毙袁德生等的问题全部推到吴德峰头上，说成是他的"罪恶"。对此，吴德峰认真总结、检查、检讨了自己1933年月后任湘赣保卫局局长期间执行过的肃反扩大化错误路线的问题、责任和教训，但他认为总结历史要坚持实事求是的原则。他曾向任弼时提出过要在会上说明：第一，整王首道、抓袁德生这些事是发生在他担任湘赣保卫局局长以前。第二，他执行解救袁德生、张启龙等过程的事实真相、斗争情况以及关连到的复杂人事关系。但任弼时不同意吴德峰在会上讲，他说，湘赣肃反历经几任省委，斗争错综复杂，涉及的人多面宽，再把很多人和事扯出来，不利于党当前稳定团结、统一认识的大局要求。现在，死者已死，谈之无益，幸存者有牢骚怨气冲着我们发，我们只能息事宁人，顾全大局，相信七大会做出公正的结论。

后来问题反映到党中央，毛泽东、周恩来等中央领导同志还专门询问过此事。周恩来亲自找吴德峰谈话，了解情况，毛泽东也直截了当地问他说："德峰同志怎么回事？听人讲，下面有反映说你就是一贯喜欢抓人、杀人，你为什么就是一贯喜欢抓人、杀人？"周恩来听后主动向毛泽东汇报说，吴德峰在江西苏区是反对"左"倾机会主义路线的，这种态度您当时是了解的，到湘赣苏区后的情况，他向王震、邓发、谭余保、张子意等和一些在保卫局工作过的同志做过调查了解，总的反映吴德峰任湘赣保卫局局长期间是讲政策，反对行刑逼供、制止乱抓乱杀人、反对肃反扩大化的，曾同"左"倾机会主义者进行过针锋相对的斗争。邓发也出来为吴德峰说话，他态度更为明确，他说，抓"AB团"肃反扩大化的问题是党的错误路线问题，保卫局是执行错误路线的问题，要负责也由他作为国家保卫局局长负主要领导责任，吴德峰作为分局长也要承担分局领导责任，但吴德峰当时对"左"倾路线、抓"AB团"、肃反扩大化等错误问题是有抵触、抵制的，有的执行了，有的拖延没有执行，有错误也是认识问题，不是反革命罪行、罪恶问题。社会部印发的《内战时期肃反文件》中文字记载的吴德峰签发的保卫分局政令、通令，也充分证明他当时是反对行刑逼供、肃反扩大化的。毛泽东听后"哦"了一声，点了点头。他对吴德峰说，肃反扩大化错杀、伤害了不少我们自己的同志，这对我们全党是一个沉痛的教训，今后决不可动不动就随意乱开杀戒，做错了事可以纠正改过，但错杀了人，人头落了地就不能再安上重生了。

10月26日，任弼时作了总结讲话，他说：我们在研究历史问题中，应该有实事求是的精神，以这种精神来检讨过去的工作，就是说，一方面要看出错误并研究犯这些错误的原因，另外一方面也要看到那些地方的成绩。我们不是否定一切的态度，我们也需要研究在错误路线下还能够得出错误的原因是什么；要很冷静很客观地分析当时的情形，如错误何在，是什么原因，在哪些方面还有成绩。

关于一些人谈的吴德峰的问题，任弼时说：“在肃反政策上，好像有这样一种空气，说吴德峰来了以后湘赣肃反闹得很厉害，在这个问题上，今天我们也要实事求是地查一查。”他认为，第一，“吴过来以后捉的人的数量并不很多”。第二，吴德峰主持湘赣肃反工作时，同前一个时期相比，“肃反则比较有秩序些”。第三，“新旧省委都是执行左的肃反路线的”。第四，“不能说后来肃反是怎么样扩大化”。他的结论是，吴德峰过去并没有“大闹天宫，我想这样估计是合乎事实的”。

吴德峰听了任弼时的话，心里获得了极大的安慰。当然，在一些具体事实的认定上，座谈会还存在不同认识。比如，关于袁德生被杀一事的最后结论意见。对这些问题说法，吴德峰没有过多申辩，这是因为一来任弼时已当面告诉过他，现在不作结论，留待七大和七大后再说，不要造成党内不团结；二来吴德峰相信“日久见人心”，不想在这个问题上与一些人过多纠缠。实际上，在这个问题上，时间的流逝并没有消除人们的误解，甚至到了改革开放新时期，还有人借题说吴德峰在湘赣苏区是怎么怎么整人的。

1945年4月3日至6月11日，党的七大在延安杨家岭中央大礼堂隆重举行。这次大会把马克思列宁主义的理论与中国革命的实践之统一的思想——毛泽东思想，作为我们党一切工作的指针。七大是一次团结的大会，胜利的大会，它为党领导人民去争取抗日战争的胜利和新民主主义革命在全国的胜利，奠定了政治上、思想上、组织上的基础。吴德峰作为中共七大的代表，出席了大会，提高了认识，振奋了精神，增强了对中国革命的必胜信念。

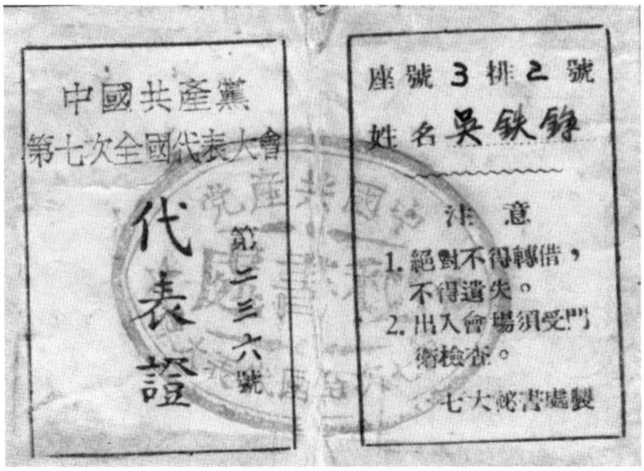

吴德峰七大代表证

九、在解放战争中

解放战争时期，是中国共产党领导的人民革命势如破竹、全面胜利的时期。在这短短的三年中，根据党的指示，吴德峰四处奔波，为党的事业尽心尽力。他先是在军事调处执行部工作，接着又担任了晋察冀中央局联络部部长兼敌军（又称白军）工作部部长，并在阜平领导土改纠偏。长期艰苦的革命斗争生活极大地损害了他的身体。全国解放前，他在中共中央所在地西柏坡进行了短暂的疗养，因为等待他的将是一项更加艰巨的任务。

参加军调处工作

抗战胜利后，国共双方均把目光瞄准了业已回到祖国怀抱的东北。东北幅员辽阔，物产丰富，重工业基础较好，加之北接苏联、东邻朝鲜，地理位置十分优越，因此东北对中国共产党来说就显得特别重要。争夺东北，就是争夺天下的基石。9月14日，中央政治局开会研究东北和全国的形势，决定成立中共中央东北局，派彭真、陈云、叶季壮等人立即赴东北开展工作。五天之后，中央政治局正式确立了“向北发展，向南防御”的战略方针。为了加强东北的工作，中央作出决定，派张闻天、高岗、李富春、林彪、罗荣桓等十名中央委员和十名候补中央委员率领2万干部和11万大军挺进东北。吴德峰就是这批干部中的一员。

1945年11月，吴德峰离开延安前往东北。途经华北重镇、晋察冀解放区首府张家口时，中央根据情况的发展变化，调他参加“军事调处”工作。1945年10月10日,国共双方在重庆谈判，签订了《国民政府与中共代表会议纪要》（即双十协定）。这份文件的主要成果：一是国民党接受中共提出的和平建国的基本方针；二是双方确定召开各党派代表及无党派人士参加的政治协商会议，共商和平建国大计。但是，由于国民党要价过高，双方在军队整编问题上没有达成协议，导致国共武装冲突在重庆谈判后日渐加剧。

1946年1月10日，中共代表与国民党政府代表正式签订停战协定。同日，双方下达于1月3日午夜生效的停战令。根据停战协定，在北平设立由国民党、共产党和美国三方各一名代表所组成的军事调处执行部，负责执行停战协定。

根据吴德峰的特点，中央决定调他去北平军调处执行部工作。当时军事调处任务最紧迫的是中原地区。根据停战协定，李先念领导的中原军区就地停止军事行动，主力部队在以宣化店为中心的罗山、礼山、经扶、光山之间地区集结待命。但是，国民党军队不遵守停战协定，频繁进攻中原军区，致使中原军区部队驻地范围不断缩小，财政供给日益困难。中共中央中原局、中原军区一面将所处的境况紧急电告中央，一面向国民党方面提出强烈抗议，呼吁军调处执行部尽快派执行小组前来调处中原地区的军事冲突。

经多方呼吁与努力，北平军调处执行部因人员尚未到齐，特从重庆派出由国民党政府代表邓为仁少将、中共代表薛子正上校、美国代表福特上校组成的执行小组（即军调部第九执行小组，又称汉口小组）赴光山调处冲突，吴德峰被任命为执行小组顾问。汉口小组驻地是位于汉口法租界内四民路185号的德明饭店，这是1919年由法籍犹太人史德生夫妇设计、完工的一座典型的法国建筑风格的饭店。当时的中原军区武汉办事处也设在这里。

1946年3月，吴德峰随周恩来到武汉。周恩来到中原军区驻武汉办事处后，宣布武汉方面在党内由吴德峰、郑绍文、薛子正三人组成领导班子，由吴德峰负责全面领导，并负责协调武汉执行组和办事处的工作，负责中原军区的军费供给、联合国救济总署的联络、组织搜集情报等项具体工作。当研究他对外的职务时，吴德峰表示，任务明确就行了，用不着什么名义。周恩来笑着说："这与西安工作不同，是公开对国民党的。"最后决定以顾问名义对外。王震后来给他开玩笑地说："吴老，看来你的任务越来越重。官却越来越小，名不副实！名不副实！"

1946年，吴德峰在武汉参加军调处工作时留影

吴德峰这次到武汉，是他1927年底离开后，首次回到武汉，他一方面感到十分亲切，因为他对武汉一直有着很深的感情，另一方面又为中原军区

面临的严峻形势感到担忧。调处期间，吴德峰一共两次去过中原军区所在地的宣化店。第一次去是送军费，途中住在张体学所在的旅司令部，晚上向该旅传达了党的七大会议精神。他简要介绍了会议的概况，着重介绍了七大提出的“放手发动群众，壮大人民力量，在我党的领导下，打败日本侵略者，解放全国人民，建立一个新民主主义的中国”的政治路线；着重介绍了中国革命的三大法宝（即武装斗争、统一战线、党的建设）、三大作风（理论联系实际、和人民群众紧密联系在一起，批评与自我批评）；特别着重介绍了马克思列宁主义的理论与中国革命的实践相统一的毛泽东思想。第二天，他同李先念、郑位三等中原局和中原军区主要负责同志一起赶回武汉。

不久，吴德峰与董必武同行去宣化店，去时带着两只大皮箱装着1亿法币（国民党货币）的费用。董必武的到来使边区军民受到鼓舞，中原军区举行盛大音乐晚会热烈欢迎董必武一行。董必武高度赞扬了中原健儿和广大人民的革命英雄主义精神，号召大家团结起来，克服一切困难。在宣化店驻留的一个星期里，他随董必武除与中原军区党政军领导同志研究工作外，还广泛接近群众，找战士谈心，向老百姓了解情况，做各方面的工作。面对困境中的中原军区干部战士和广大人民群众，他满含深情地说：“我是在董老领导下工作，中原军区如果有什么困难，我们一定全力以赴支持。”

进入5月份后，国民党军对中原解放区的包围、封锁进一步加强。吴德峰通过安排在联合国善后救济总署的情报人员，获得了国民党准备进攻中原军区部队的行动计划。他立刻通过中原军区武汉办事处主任郑绍文将情报转送给李先念。蒋介石命令各攻击部队“统于巳月养日（即6月22日）前秘密完成包围态势，待令实施攻击”，“以一举包围歼之”。这期间，中央根据多个渠道也获悉了敌人的阴谋，并致电中原军区突围。6月26日晚，已得到情报的李先念率中原局、中原军区领导机关撤出宣化店，中原军区主力分两路向西行动，开始了中原突围，打破了蒋介石精心策划的军事“围剿”。

吴德峰深知，一旦国民党撕破脸皮，自己就是被抓捕的对象。他通过汉冶萍石膏公司熊董事长的社会关系，早已买好船票，在国民党特务软禁执行小组和办事处人员的前一天，按周恩来的指示转赴南京。国民党特务赶往德明饭店执行小组所在地去抓他时，已人去楼空，不得不叹息说，又叫吴德峰这个“老狐狸”溜掉了。

任阜平县委书记

1946年8月，吴德峰回到张家口，在聂荣臻恳切挽留下，任晋察冀中央局联络部兼敌军工作部部长（城工部长刘仁）。这时的张家口正面临国民党军的疯狂进攻。他在形势如此严重的情况下，积极工作，与敌军工作部的其他同志成功策反国民党傅作义部骑兵团等部。9月中旬，张家口已处于国民党军队从集宁和北平两面夹击的不利态势中。根据中央军委的批准，华北解放军于10月11日从张家口撤退。吴德峰坚持作为最后一批人员撤出。当他离开时，国民党军部队已经进入市区。他随同部队一块向河北阜平县转移。已经50岁的吴德峰实在经不起数日的辛劳，在马背上晕倒摔下马，但是他一苏醒后立刻又开始工作。

10月间，晋察冀军区司令部迁驻河北省阜平县城南庄。军区司令员兼政委聂荣臻在这里主持召开了土改、财经、军政等一系列会议，为华北解放军转入战略进攻作了多方面的准备。吴德峰到阜平县后，组织上又给他多了一项任务：兼任阜平县委书记。阜平县有着“华北的延安”之誉。抗战时期，当时不足9万人的阜平县，却为抗日部队输送了2万多兵员，全县平均每20个人中就有一人参军，平均每4户人家中有3户人家的男儿参军。八年抗战中，阜平有5000多优秀儿女在战场上为国捐躯，涌现出战功卓绝的两支“阜平营”“边区爆炸英雄”的李勇等英模。阜平县被誉为“抗日模范根据地的模范县”。

晋蔡冀中央局工作人员证章

1947年春，中共中央工委转移至阜平县不远的平山县西柏坡村。有人对晋察冀的土改工作进行了批评，认为手软对地主打击不力，并在后来的土改会议上批评中共晋察冀中央局书记聂荣臻“右倾”。从此以后，就搞所谓“村村点火，户户冒烟”，肉体上消灭地主，经济上消灭富农，到处“搬石头”、挖浮财，等等。这种“左”的倾向虽然时间不长，但在晋察冀却造成了很不好的影响。

吴德峰在土改中深入农民中去，细心听取雇贫农和中农的意见

初夏，组织通知吴德峰兼任阜平县委书记。他在阜平的主要工作就是认真贯彻中共中央“五四指示”（即中共中央1946年5月4日发布的《关于土地问题的指示》），纠正土改中“左”的倾向。基本做法有：一是通过清算地主的方式解决农民的土地问题；二是通过征购的方式转移地主一部分土地给农民；三是通过献田献地的方式解决农民的土地问题，等等。比如，通过清算地主的方式解决农民的土地，主要做法是，除了对汉奸和恶霸地主的土地明令没收外，对一般地主的土地，通过清算方式收归农民所有，即利用清算租息、清算额外剥削、清算无偿劳役、清算转嫁负担、清算霸占吞蚀等方式，使地主的土地在偿还积债、交纳罚款、退还霸占、赔偿损失等名义下，转折、折算或出卖到农民手中。通过紧张的工作，既初步地满足了农民的土地要求，又避免了“左”的倾向。其间吴德峰每天记工作日记累计12册，详细记录了他参加土改纠偏全过程。

戚元德在土改中向党员讲解政策

吴德峰土改工作文存

根据中共中央和毛泽东的指示，7月至9月，中共中央工作委员会在河北省平山县西柏坡村召开了全国土地会议，总结了土改工作的经验教训，通过了《中国土地法大纲（草案）》（10月10日正式颁布）。吴德峰参加了这次会议，对土改有了更深刻的理解，他在日记中写道："全国地会议从7月17日开始，到现在已经50多天了。这样集合全国各解放区代表来讨论上地问题的会议，在党的历史上还是第一次。"会后，他到农民家里调查情况，到田间地头向群众讲解党的土地政策，组织全县认真落实土改的各项政策，使阜平县土地改革工作进一步顺利地开展。党的政策受到了广大人民群众的热烈欢迎，分到土地后的阜平农民高兴地唱着"土地证，四方方，鲜红的金印盖中央，感谢领袖毛泽东，咱们的生活有保障"。

作为中共晋察冀中央局联络部兼敌军工作部部长，吴德峰的另一项重要任务就是做好对敌军情报及策反工作，特别要防止敌人打入进来。他发现联系网络中有一个保定姓赵的商人经常提供一些情报，但此人提供的情报不是过时的情报，就是假情报。这个人引起了他的注意，怀疑是国民党打入进来的特务。但是，这个姓赵的住在国民党控制区，一下也不容易审查清楚。吴德峰为了不打草惊蛇，研究了一个办法，派敌工部的张光同志秘密去保定找他，并要他夜行晓宿回解放区商议重大行动。此人到了敌工部所在地阜平县海沿村，吴德峰接见了他，告诉他有重大行动暂时在偏僻的黑山村住，与张光同吃同住，不许与外界接触。一周后吴德峰告诉他重大行动暂缓，先回保定待命。此人一走，敌军工作部就中断了与他的联系。10天后，在保定孙连仲部队的内线同志报告，赵某果真是国民党特务，此次阜平之行后，被怀疑是共产党的反间谍而被处死。吴德峰对敌工部的同志们说，“这是以疑治疑之计。因为赵某是行商，外出跑十天半月购货是不会被人怀疑的。如果是特务走了十天半月与特务组织断绝一切联系，回来后报告不出任何情况，敌人就会怀疑他被我们策反后又放回去作反间谍。”

敌工部的住地阜平县土地贫瘠，老百姓的生活很艰苦，吃点细粮很稀罕，吃盐也困难，老乡们吃的菜多是无盐的酸菜。中央局管理处不知从何处弄来了一些泥盐，分给吴德峰约十多斤，湿渍渍的一抓一手泥。但吴德峰高兴极了，捋着胡须欣赏了个够，兴冲冲地到处借铁锅，最后从敌工部的工作人员那儿找到一口小铁锅。吴德峰满脸喜色说：“有了这个小锅，生活方便极了，有好多种用处哩！”他用小锅将泥盐熬成精盐。还买来几斤青杏加工泡制成酸汁作醋用。

著名作家、《野火春风斗古城》的作者李英儒在这段时间里曾在吴德峰领导下工作，先是在敌军工作部秘书处的工作，后又随吴德峰到敌占城市近郊区，搞土地改革和敌军工作相结合的试点工作，又一起参加华北的土地改革和整党工作会议。他曾多次与吴德峰有过深入的交谈，吴德峰给他留下了深刻的印象。他在回忆录中以深情的笔触写道：

吴德峰同志很懂得政治工作，他认为政治工作最关键最根本的问题，在于掌握思想教育。认为思想的进步必将导致行动的进步。他说这一条是他从大革命时期参加党以来，特别是参加党的第七次代表大会以来，最最重要的一条认识上的收获。他举了红军走上井冈山和二万五千里长征的例子，说在这样艰苦卓绝的环境里全党能够团结一致，克服困难，依靠什么呢？就是依靠深入细致的思想工作，使大家思想统一，信念一致，深信共产党经过千难万苦，最后终将取得全国性的胜利。

吴德峰同志还说，有了思想的一致，还要有组织纪律的保证，“没有组织保证和纪律约束，那不是一盘散沙吗？”“我们各级组织的领导层里，有小核心，中核心，大核心，像咱们敌工部里，我和你们几位处长就是小核心。”

酷爱学习，是吴德峰的另一个长处。他常说：“生而知之的人，从来没有过。我们都是学而知之，有时还是困而知之。”“我们的革命生涯中，一个最重要的事情就是学习。”“我们要革命一生，也要学习一生。”在1946年，我们从张家口退回阜平县海沿村，每天早晨起床后，他总是督促大家去学习，每逢重点讨论问题，他都亲自参加。“你不要过早地发言，先让科员干事们把观点亮出来……”他几次这样告诫我。为了帮助学习，他把在延安听报告的多种记录，都让我们处里的同志整理并油印出来，发到每个同志手里当作学习资料。

由于学习、斗争的经验积累，吴德峰同志的知识非常丰富。在西安搞地下工作时，同志们都叹服他的知识渊博，给他起外号叫“百科全书”。这里且不说他对马列主义，对军事、政治、经济、哲学、法律等方面有深刻的研究；并且我感到他的历史知识也很丰富，古今中外的名人逸事，他知道得也很多很多。另外，他对古典文学的造诣也很深。我个人也很喜欢古典文学，在这方面不断地向他请教，一次我们谈及三教九流，提到儒、道、阴阳、法、名、墨、纵横、杂、农，他说江湖上对“九流”还有异样的说法，当即流畅地说出：一流举子二流医，三流地理四流批，五流丹青六流相，七僧八道九琴棋。

南下武汉

1948年秋，吴德峰、戚元德与小女儿持生在西柏坡

1948年10月，他奉命到中央机关的所在地平山县西柏坡村待命南下。

随着淮海战役取得胜利，解放区的范围向湖北、湖南发展。中央调集大批干部南下接收新解放区。毛泽东、周恩来、任弼时分别在西柏坡与吴德峰谈话，中央决定他到武汉参加接管工作，并担任解放后的武汉特别市首任市长。

在西柏坡期间，吴德峰的主要工作，一是休息，二是学习，三是会见朋友，四是准备南下。在西柏坡，他抓住难得的闲暇时间，学习党的方针政策，特别是学习毛泽东的重要讲话，如《目前形势和我们的任务》等，以为将来的工作作准备。

吴德峰很关心年轻人的成长进步。在西柏坡期间，张志玲因为想随吴德峰南下，多次找过他。吴德峰对他的学习很关心，与他详细谈了读书方法。他说：重要的书要多看几遍。第一遍要做标记（书最好是自己的），最好有四种颜色的铅笔，看到好的重要的句子可以用红笔画线，不好的用蓝笔，不懂的用绿笔，似懂非懂的用一种记号。第二遍可以细读，哪里不懂的仔细看或问人。同时可以批注，用几个字将某段的中心意思批注在书上面。他以毛泽东读书方法为例说，最近毛主席在开会时讲了话，最后归纳成几句话说："军队向前进，生产长一寸，加强纪律性，五年全胜利（此句正式发表时改为'革命无不胜'）"。我们也要学会归纳。第三遍读时将这些内容连贯起来读。当然这是说读重要的书，像马列主义、毛泽东选集等理论书，要这样读，一般的书，可以用读第二遍的方法读。

因为张志玲过去曾和他谈到要做新闻工作，吴德峰因此说：向文学方面发展，要多看小说，多读多看才能有多方面的知识。要看三国、水浒、红楼梦。三国里面有军事、政治、经济、策略各种知识，但它里面没有统一战线；红楼梦的结构、人物刻画很成功；水浒的文字还可以，不过每一个故事都是"逼上梁山"那一套。他说：要学一门外国语，英文学一年就可以看东西。他说：要注意身体，要多运动一下，看一两点钟书，要休息一下。可以写写，对书要敢于站在正确的立场上批判。他还说，读书有一个重要原则，不要乱、杂，一个时期只读一类书。

经过一段时间的准备后，吴德峰一行从西柏坡出发。12月11日，他到达石家庄。在这里，他约见了华北交通部部长武竞天，武竞天答应他，一定派车相送。12月12日晚，吴德峰召集南下人员开会，进行了人员分工。他在会上讲话时提醒大家注意：第一，这次我们走中原，那里的作风不同，是艰苦的；第二，要多听少讲；第三，不懂的要多问，如果问我们哪里来的，就说我们是华北局来的，不要说中央长、中央短。他还要大家加强学习，强调每人都要读毛泽东的《目前形势和我们的任务》。

12月16日，吴德峰一行到达邯郸，18日到冠县，19日中午到达孙口。因河水下落，大船靠不了码头，民工正在抢修，无奈只好改往李桥过渡，并连夜赶到，在渡口约一里的一个小村庄找了几间小屋住下。这里很穷平时吃面连盐也不给多放，到了晚上，又下起了小雨。12月20日上午10点开始过渡，过渡时又下了一阵雨。这一天可以说是险象环生。在到达目的地菏泽还有二里的地方，车险些掉进水沟里，动员了村民才将车子拖出泥潭。车到北关不知道什么毛病再也开不动了（后查出是车后轴断了）。进了菏泽城，叫了很久才将店门叫开，找了两间房，连床铺也没有。一路行来，他实在太累了，连饭也没吃就睡了。

12月25日傍晚，吴德峰一行到达商丘市。27日，吴德峰到开封与中原局领导邓子恢见面。在这里，他得到通知，因原定郑州市委书记调离他任，中央临时决定吴德峰任中共郑州市委书记。12月30日，吴德峰到达郑州。12月31日晚，吴德峰开了一个行军检讨会，认为这次行军总的来说是成功的，主要缺点是对困难估计不足，没有凡事从最坏着想，精神准备不足；调研不够，想的少，跑的多。他指出：要接受这些教训，要多想，要机警灵活。

此时，郑州已经解放两个月，市委一直未正式成立。吴德峰来到后，抓紧组建市委及工作机构，并兼任中国人民解放军郑洛警备区政委，司令员是孔从周。他一面抓郑州的城市恢复工作，一面抓紧进行迎接武汉解放的准备工作，经常接待从武汉来的地下秘密工作者，对武汉的解放，对工厂、水电厂和武汉市人民的安危做了详尽的调查研究。

1949年5月16日至17日，武汉解放。随即，吴德峰奉中央的命令，与中原局的领导一起从开封乘专列到武汉。等待吴德峰的将是一个新时期的开始。

十、首任武汉市长

吴德峰担任解放后武汉市首任市长。

解放初的武汉满目疮痍，社会动荡，经济崩溃，民不聊生，呈现在人们眼前的是一幅衰败的景象。面对繁重而艰巨的任务，吴德峰始终充满必胜的信心。他在工作中认真贯彻执行党的七届二中、三中全会精神和党的各项方针政策，紧紧依靠全市人民，有条不紊地开展了经济社会发展的各项工作，很快就使武汉市的工作走上了正轨，为武汉市的建设发展奠定了初步的基础。

恢复工商业生产

1949年5月24日，武汉市人民政府成立，同日，发布第一号布告，宣布："奉中国人民革命军事委员会及中原临时人民政府电令，划前汉口市、武昌市和汉阳城区所辖地区成立武汉市人民政府。吴德峰为市长，周季方为副市长。"5月31日，武汉市政府接管了原国民党汉口市政府，接着又接管了原国民党武昌市政府、汉阳城区所属各机关，搭起了武汉市人民政府的基本架构。

中国共产党接手的武汉是一个千疮百孔的烂摊子。武汉解放时，交通运输中断，城乡隔绝，工业奄奄一息，25个公营工厂中停工的达14个；资本主义工商业濒于极端困难的境地。据17个行业989家工厂调查，停工户占92.5%，其中使用机器生产的260家工厂中，停工的达220家，占84.62%。卷烟、面粉、机器、碾米等行业，有五分之四的工厂停工。打包、砖瓦、制造业全部停工。武汉第一纱厂、裕华纱厂、震寰纱厂和申新纱厂，抗日战争前拥有纱锭207219枚，解放时只有145000枚，其中实际运转的锭子只有25720枚，开车率为17.74%。面粉工业开工率也只有50%，福新面粉厂从1949年1月至5月断断续续开工的只有124小时，胜新面粉厂完全停工。在24家卷烟厂中，开工的只有10家，日产烟卷1000余箱，只及正常生产量的20%。加之，武汉周围交通遭到严重破坏，城乡关系处于隔绝状态，粮食和生产原料十分缺乏，市面萧条，物价上涨，奸商投机倒把猖獗，敌特造谣破

武汉市政府工作人员证章

坏，社会秩序很不稳定。

面对满目疮痍、百端待举的武汉，吴德峰深深感到肩上的担子重。他坚定地贯彻党的七届二中全会的方针政策，紧紧依靠工人阶级，迅速恢复生产，发展经济，安定秩序，团结人民，巩固政权，建设新武汉。为了更好地集中精力考虑工作，尽快安定社会秩序，恢复元气，改变旧城市的面貌，他和戚元德商量后，他住机关与周季方副市长等市领导早晚共商创业大计。

吴德峰的工作是从调查研究、稳定人心开始的。5月24日，也就是武汉市人民政府成立的当天，他在青年剧院召集旧市政府及其所属各局科长以上旧职人员发表施政讲话，旧市长晏勋甫也参加了这次会议。当时武汉有一家民间报纸《罗宾汉报》报道了会议消息，说新任的吴德峰市长，身着灰布制服，脚穿布鞋，体格健壮，精神饱满，在全体职员的热烈掌声中登上讲台，说："今天我能与大家见面，感到非常高兴。"就在这次会上，吴德峰向全体旧职人员指出：过去武汉是消费城市，要建设成为一个生产城市，主要发展工业生产，发展商业经济。共产党有本事接管城市，也有本事建设好武汉。他的话字字句句铿锵有力，激昂、坦率、真诚。全体职员听了他的话，会前那种悲观情绪初步解除，重新鼓起了勇气。这些旧职人员重新回到原岗位后，对武汉市的城市接管工作，恢复和发展武汉市工商业作出了贡献。5月25日，吴德峰签发了市政府财字第一号布告，根据"发展生产，保证供给，繁荣经济，公私兼顾"的财政方针，宣布废止国民党统治时期的某些苛捐杂税，确定除农业税以外的食盐税率，其他税收暂按原税率征收；除规定税收外，任何机关团体、部队或个人非经政府批准，不得再征派一文一厘。

6月9日下午，吴德峰出席了市军管会主任谭政和副主任陶铸在德明饭店招待各界民主人士的座谈会。他在会上说，建设新武汉，已经成为武汉市各级党组织和各级人民政府以及各界人士的中心任务。为了尽快恢复生产，发展经济，允许私人资本存在与发展，保护自由竞争、自由贸易、自由雇佣，从而调动了工商界的积极性。为了恢复和发展武汉国民经济，他领导市政府大力贯彻党的七届二中全会精神，采取一系列行之有效的措施。这些措施主要包括：

一是贯彻贸易自由政策，沟通城乡关系。武汉刚解放时，城乡贸易非常

中共武汉市委书记张平化

武汉市市长吴德峰

武汉市军管会主任谭政

不便，比如农村有限价限购现象，海关税局检查手续麻烦；通行证限期过短，商旅行动困难；交通工具，军运占用过多，影响商运，运费太高等。为解决这些问题，他和市政府采取一系列有效措施，尽最大努力沟通城乡内外关系。10月初，武汉市公安总局将原通行证有效期限一个月的规定，修改成按照工商者的具体需用时间确定有效期间。10月中旬，市政府贯彻中原临时人民政府的通令，严禁各地任意限制运销及征收附加捐税，对市场实行适当管理，交通运输兼筹并顾。10月19日，武汉市政府颁发布告，贯彻贸易自由政策，工商行旅在本区内可自由通行，所有路条通行证制度一律废除，各种装运货物除依章纳税外，沿途不得有任何留难。

二是调整劳资关系，稳定资方情绪。刚解放时，一方面有些资本家看见工人地位提高有些看不顺眼，有时劳方说几句讲理的话，资方认为这是不礼貌，有损尊严。有个别资方处理问题失当，引起工人反感，甚至还有个别资本家还在打骂工人。另一方面，工人阶级过去长期处于被压迫被统治的地位，解放后，个别工人产生过左的行动，例如个别行业店员工资要求过高，个别工厂在争执时，工人对经理采取包围方式。9月5日，在武汉各界代表大会上，吴德峰提出，全市工作千头万绪，最紧迫的任务是恢复现有工业，发展商业，解决好劳资关系问题，税收问题和码头问题。9月29日，他主持武汉市人民政府制定《武汉市工商业劳资双方商定的集体合同暂行办法》和《武汉市关于私营企业劳资争议调处程序暂行办法》。文件明文规定劳资双方根据平等自愿原则，协商签订集体合同，还规定劳资发生争议时，首先由劳资双方直接协商解决，由工会代表工人和职员与资方所组织之合法团体，直接协商解决之；如劳资双方直接协商无效时，双方或任何一方得申请劳动局进行调解；如调解无效时，由劳动局仲裁之；如劳资双方或任何一方对劳动局仲裁仍有不服时，得按司法程序向本市人民法院起诉，由法院判决之。12月，武汉市政府又制定了《关于劳资关系暂行处理办法》。吴德峰主持制定的这三个地方性法规对调整武汉市的劳资关系，起到重要的作用。

三是实行加工订货。从1949年6月开始，资本主义工业主要靠为国家军需物资加工维护生产。到年底，棉纺工业为国家加工军用棉纱3.74万件，加工棉布32.32万匹，加工蚊帐布41万尺。80%的碾米面粉工业为中南区粮食公司加工九二米[①]60万斤，加工一机米638万斤。福新面粉厂加工面粉34万袋，占该厂生产能力的86%。印染业代染各种军用布34万匹，毛巾业加工军用毛巾260万条，红炉业（生产军用镐）加工军用道镐1.9万把。红炉、织布、针织、毛巾、牙刷等手工行业，开始组织起来，实行私营行业的联营，统一接活，分散生产。汉阳刚解放时，只有织毛巾机500部，到10月份就增加到5000部。巨大的军需加工任务，把武汉私营工业资本开始改造成国家资本的初级形式。

四是发放贷款。银行对私营工商业以资金帮助，到1949年10月份争取300亿元（旧币，下同）存款余额供工商业短期周转，进行上海、北京、天津、南京、西安、郑州六个城市国内无限额汇兑；办理储蓄信托部，奖励国民储蓄；举办金银存兑，以利工商业融资。据中国人民银行汉口分行统计：10月份共吸收各种存款近1725.9亿元，其中，军政机关、团体企业占百分之65%以上，工商企业及个人存款占35%；放款方面：共放出各种贷款442.5亿元；汇兑方面：汇出123.3亿元，公私工商业占62%；汇入款项：56.9亿元，公私工商业占43%。以上这组数字说明银行对于帮助工商业恢复与发展是积极的。到1949年年底，资本主义工商业贷款余额120亿元，占全市贷款余额的30%，其中四大纱

① 九二米指100千克糙米碾磨出的92千克白米。

厂向银行的贷款就达80亿元，福新和胜新两个面粉厂、复源榨油厂、汉昌肥皂厂等，都是靠贷款恢复生产的。

由于实行了以上这些积极政策，到1949年年底，全市公私企业大部分恢复了生产和经营。四大纱厂纱锭运转数达117356枚，比刚解放时增长3.56倍，停工很久的武昌第一纱厂由于政府贷款4.5亿元，贷给原棉3万担，到1949年5月就恢复了生产；碾米厂在国家“预购成品，期售原料”的政策扶持下，由原来的95户猛增到143户。城乡经济也逐渐活跃起来。1949年6月至12月，经过武汉集散的工农业产品总值就达4571亿元，其中运往上海的大米、烟叶等达46.2万担；向外地购进的棉花、食盐、橡胶制品、食糖等共55.4万担。商业也呈现上升趋势。到1949年年底，已开业的商店达16710户，市场交易额逐月增强，从而保护了私营工商业，维护了市场秩序，沟通了城市物资交通流。

稳定物价

刚解放时，武汉市面临的一个严重困难是物价狂涨，市场混乱。1949年6月中旬、7月下半月、10月底11月初，武汉市物价三次大幅上涨。对此，吴德峰进行了正确分析，他认为这三次物价大幅上涨，有四个方面的具体原因：第一，解放地区扩大，交通逐渐恢复，又时值旺季，市场扩大，物资需要增加，而生产尚未完全恢复，产品不足供应，引起物价高涨；第二，武汉是一个消费性商业城市，工业生产比重小，对外依附性大，因而在物价上，常受上海、天津等城市涨落的影响；第三，由于城乡关系尚未完全恢复正常，人民币尚未普遍推广到农村，而农村阵地尚不巩固，加之市场狭窄，形成局部通货的积累，在物资缺乏的情况下，就相对降低了购买力；第四，少数不法奸商贪图一己私利，拥有资金，不从事正当工商业，乘机伺隙，兴风作浪，掀动涨风，使物价越出常轨，这是物价暴涨最重要的因素之一。在吴德峰的领导下，武汉市政府为应对这三次大规模的涨价风波，与不法资本家进行了三个回合的重大斗争。

第一个回合，从1949年5月下旬至7月初。武汉解放初的第一次物价陡涨，从5月25日开始，以银元带头，各种商品价格扶摇直上，到6月17日达到最高峰。如以人民币与银元600比1的比值来计算当时货物的实际价格，再以5月3日物价指数为100，则6月17日的物价总指数为484，即物价上涨近4倍，银元上涨近3倍。6月下旬，市军管会和武汉市委、市政府及时发动群众，开展了轰轰烈烈、声势浩大的拒用银元，拥护人民币的群众运动。吴德峰在市委会上说：“发动群众抵制银元、使用人民币，群众支持人民币，银元就得败下去。”在采取强大的政治攻势的同时，武汉市政府还采取了紧缩通货、抓紧税收、搜集物资、组织缉私等措施。从6月中旬到7月初，市政府决定征收下半年所得税12.8亿元及5、6两个月营业税7亿元，迫使商贩抛出物资和银元收购人民币；同时组织库存粮食500万余斤，除以100万斤供应部队外，以400多万斤投入市场，后又从华东地区组织500万斤粮食在市场抛售，基本上缓和了武汉市粮食供应紧张的局面。在强大的政治攻势与各项措施的配合下，物价暴涨的趋势得到了控制，人民币币值上升，12种重要商品的零售价格大幅下降。

旧版人民币

第二个回合，从1949年7月到8月。此时，人民解放军云集在武汉及其周围，使用着大量的人民币，而乡间则使用银元，导致人民币大量流入武汉；因为人民政府掌握的物资还不充分，实力仍不雄厚，加上敌特、奸商乘敌机空袭骚扰，散布谣言，蛊惑人心：另外，由于上海花纱布涨价的影响，武汉物价也由花纱布上涨带头而导致物价全面急剧上涨。以二机米为例，从6月下旬到7月8日，上涨达到50%以上。银元黑市对人民币的价格也急剧上升，银元黑市活动大都转入秘密交易，金店银楼改头换面进行更大的冒险。针对这种情况，吴德峰带领市政府采取了以下一些措施：一是把经济措施同行政手段恰当地结合起来。一方面紧缩货币，按照原定期限收清第二期所得税；另一方面，采取行政手段，打击银元投机活动。7月3日，在市军管会领导下，成立了打击银元联合指挥所，贯彻“重点破案，打击首犯”的方针，依法判决了一批严重违法的投机商人，使银元黑市再次萎缩，保证物价下跌。二是发挥国营市场的主渠道作用。鉴于此次涨风是由棉纱带头引起的，中南花纱公司于7月初开始抛售棉纱，使动荡数日的棉纱价格回落，其他商品价格也相继下降。三是城乡结合，开展经济战线的斗争。市政府迅速恢复被破坏而中断的交通，由商业部门组织商人下乡，并发展进出口贸易，改变对敌占区封锁、设卡限制进出口的做法。城乡结合、协同作战，使金融、物价、市场趋稳定。1949年7月10日，华中局在《关于武汉等大城市金融物价情况给毛主席的报告》中指出：“武汉经验：没有革命的农村，孤立的人民城市是无法稳定的。”稳定金融、市场、物价斗争的胜利，使人民币的信誉和地位得到进一步巩固，物价基本平稳，二机米价格7月下旬较之7月上旬下降51%,较之6月下旬下10%；青布、食盐等人民生活必需品的价格也大幅度降低。

第三个回合，1949年1月至1951年年底。1949年10月下旬，武汉物价又徐徐回升，到11月初又出现一股暴涨风。在20天的时间里，物价一般上涨70%—80%。由于上海的影响，这次涨风又是由纱布带头，并影响到棉、粮价格上升和银元上涨。隐匿的银元贩子又蠢蠢欲动。他们改变活动方式，扩大交易，想乘机大捞一把，因而银元又上涨40%以上。1950年，物价几起几落，在农村也出现用人民币收购农产品较贵而用银元收购较便宜的现象。棉商、粮商便在城市搜购银元，抬高了银元的价格。为此，吴德峰领导政府除继续大力恢复、发展生产，组织物资供应，加强宣传教育，统一财经工作外，更进一步加强了对金融、市场、物价的管理和对投机活动的打击。1950年查获金银黑市案件503起，1951年上半年又连续破案89起。1951年10月，武汉市出现了银元黑市价低于政府规定的牌价的局面，人民币作为唯一的货币稳固地占领了武汉市场。

在平抑物价斗争的日日夜夜，吴德峰每天召开市政府会议，先通报、分析当天货币与贸易的动态趋势，制定对策，统筹部署次日如何与不法商人斗争，如何从老解放区调进大批粮食和银元，如何适时投放银元，适时收银元，以打击奸商。斗争紧张时，他和其他市政府领导往往吃罢晚饭就开会，一直到深夜十一二点，大家还得连夜赶回单位及时布置明天的工作。

对这三个回合的斗争，吴德峰总结了七个方面的基本做法：一是发动各界一致制止奸商投机倒把行为，对故意哄抬物价者必须追究责任：二是团结正当工商界，努力恢复生产和增加生产，协调供求关系，公私合力制止物价暴涨；三是加强公营经济的领导作用，掌握主要物资，同时实行联购联销调剂市场；四是组织消费合作社，使城市劳动人民避免中间剥削，减少物价波动所引起的困难；五是组织诱导社会游资转入生产，同时提前征收第四季营业税与所得税，抽紧银根，减少游资；六是奖励储蓄，厉行节约，紧缩财政开支，首先在国家机关工作人员及工人学生群众中做好储蓄工作；七是继续恢复交通，开导货源，扩大人民币流通范围，提高人民币信用。

调整工商业

新中国成立初期，中国共产党对民族资产阶级的政策是既团结又斗争，以团结为主，节制资本而不是挤走资本。为了发展生产、繁荣经济，人民政府必须扶持有利于国计民生的私人资本经济的发展，同时限制其消极作用。

1950年在稳定物价以后，由于因通货膨胀而形成的虚假购买力消失等原因，武汉出现商品滞销、工厂关闭、商店歇业、职工失业增多等一系列问题。如武汉市私营工商业1950年3月份停、歇业170户，5月份停、歇业增至1034户。当时全国的情况也大致如此。问题严重的程度是大城市重于中小城市、工业重于商业、武汉仅次于上海。5月3日至7日，武汉市召开第三次各界人民代表会，吴德峰在会上作了关于市政府工作报告和本年度工作计划，着重提出了对公私关系、劳资关系、产销关系及税收等的基本方针，力图调整工商业。

5月8日至26日，政务院财政经济委员会召开上海、武汉等七大城市工商局长会议，分析工商业困难的原因和对策，着重研究调整公私关系问题。6月，党中央召开七届三中全会，毛泽东在会上提出了用三年的时间实现国家财政经济状况根本好转的工作目标和“不要四面出击”的战略策略方针。毛泽东强调指出：“四面出击，全国紧张，很不好。我们绝不可树敌太多，必须在一个方面有所让步，有所缓和，集中力量向另一方面进攻。”他要求合理调整工商业、实行减租减息、剿匪反霸、土地改革，认真地谨慎地做好统一战线工作，使工人、农民、小手工业者都拥护我们，并且团结民族资产阶级、民主党派、民主人士、知识分子和少数民族，以孤立帝国主义、国民党反动派残余和地主阶级。

6月份后，根据党的七届三中全会精神，吴德峰领导武汉市政府开展了调整工商业的各项工作。主要做法是：

第一，调整公私经营范围。武汉市政府规定：国家贸易机关在有关国计民生的主要物资的批发业务上，应占有较大的比重；在零售业务上，只经营粮、盐、煤、油、纱布、炼油等6种人民活必需品，以稳定零售价格标准，各代销店员是逐渐缩小，以至取消。从1950年6月1日起，全市48家粮食代销店、52家面粉代销店全部停止代销：中南油脂公司于6月5日撤销了食油门市部、煤建公司撤销了5个门市部和88个零售代销店。到7月底止，全市国营代销店只剩下139家，比5月份减少48.9%，其中粮食、煤建、零售三个国营公司的零售全都让给了私商。1950年，全年纯商业零售额比重：国营占4%，合作社营3.7%，私营占92.3%。

第二，加大加工订货。武汉市政府颁布《关于进一步调整工商业和改善公私关系的决定》，把扩大加工订货作为调整公私关系的重大措施，决定对全市的加工订货实行统一管理，规定凡机关、部队、学校、公私企业在本市工厂、作坊进行大批委托加工时，应向工商局提出委托加工计划，工商局在分配加工订货任务时，根据国家安排，适当扩大对私营工厂的加工订货和产品收购的比重。1950年国家对私营工业订货总值达8277亿元，占私营工业总产值的41.65%，几个关系国计民生的重要行业加工订货总产值的比重大大增加，如面粉业占69.62%,碾米业占56.59%，建筑业占42.67%，印染业占100%，棉织业占51.57%，其中，四大纱厂加工订货棉布30.19万匹，占四大纱厂棉布总产量的91.1%，加工订货棉纱7.55万件，占四大纱厂棉纱总产量的67.5%。

第三，调整工商管理政策。一是适当放宽市场物价管理。从1950年10月份起，在中央提高粮价、稳住纱布价格的政策指导下，逐步提高武汉市场的粮价，适当降低奢侈纱布价格。二机米每百斤由8.6元提高到9.6元，提高11%。二是加强对批发市场的管理。原设立的商品交易所，由单纯的限制转变为城乡商品流通服务。从5月下旬开始，武汉市取消了交易人员的资格限制。三是淘汰多余行业。在私营工商业改组中，不适合国计民生需要和非正当经营的行业被淘汰。如投机倒把、买空卖空的纱号40多家全部倒闭，从事封建剥削的牙行垮了100多家，经营不善的行庄垮了12家，不适合市场需要的货栈倒闭了30家。

第四，调整产销关系。吴德峰认为，私营工商业在转变中充分暴露了经营方式的弱点，必须认真实行企业改革，才能结合公私关系和政策的调整而使企业向前发展。武汉市政府的主要做法，一方面根据市场需要调整产销关系，克服生产中无计划的状态；另一方面，改变经营方针，改善经营管理，生产适合劳动人民特别是广大农民需要的产品，降低成本，打开销路。

第五，调整劳资关系。吴德峰强调，要教育工人团结资方，通过劳资协商和订立劳资合同，调整劳资关系。在市委、市政府多方面的宣传、教育下，许多工人高度发扬了艰苦奋斗和主人翁的精神，自动降低工资待遇，放弃某些福利要求，允许资方暂时解雇一些工人，并努力生产，节约利废，减薪轮作，帮助和推动资方改善经营管理，以维持生产，共渡难关。

经过努力工作，武汉市场从1950年下半年明显好转。资本主义工商业的生产和经营逐渐发展。其表现，一是开业户增多，停、歇业户减少。6月批准开业270户，停、歇业288户；7月份批准开业户348户，停、歇业户减少到103户；8月份批准开业户858户，停、歇业户减少到98户。二是工业产品产量增加。以1950年3月为100，到10月份各种主要工业产品产量增加的比例是：碾米348.5%，面粉328%，卷烟03.1%，棉纱130.5%，锯木280.9%，油漆165%，颜料763.2%。三是营业额有较大增长。几个主要行业1950年下半年的营业额比上半年增长的比例是：文教业增长79%，纸张业增长54%，新药业增长94%，进出口业增长226%，五金业增长181%，电器业增长90%。

指导“三大运动”

1950年6月朝鲜战争爆发。吴德峰组织全市人民开展广泛的抗美援朝宣传教育活动，动员各方面以实际行动支援抗美援朝。他发动群众炒米炒面，组织广大妇女做军服军鞋，动员各界人士捐献款项物资，派出医疗队、运输队、慰问团到朝鲜去。他还号召广大群众写信慰问中国人民志愿军指战员。为鼓励青年参加军事干校，在吴德峰的领导下，市政府决定成立招生委员会，主持青年参加军事干校的报名审查保送等工作。他强调，有坚强的国防才能有力地打击帝国主义阴谋侵略，决不能在任何情况下松懈建设国防的思想与行动。在戚元德的支持下，他动员儿子、侄子参加志愿军和军事干校。1951年1月21日，在欢送青年参加军事干校的会上，吴德峰欣然挥笔题词："青年工人参加中国解放军各种军事干部学校，这对于我们建设现代化的国防是具有重大意义的，同时学习与掌握现代化军事科学知识和技术也具有优越的条件，练好本领，在战斗中英勇杀敌！"

吴德峰强调，要通过抗美援朝的宣传教育工作，提高全体市民的爱国主义思想，促进生产和工作。在他和市政府的倡导下，武汉市工厂企业中普遍开展了爱国劳动竞赛，不少工厂企业订立了爱国公约。他认为，这是抗美援朝、保家卫国运动的具体表现之一，应提到首要地位，加以重视。他指出，有了爱国公约，我们的共同行动才有方针、步骤、计划与组织，已经订好了的，应深入检查，充实内容，未订的应即刻订出来；公约要订得具体，以便实行和检查。他强调，订立爱国公约不只是推动我们的工作，更重要的是教育并提高自己，使一切的工作和生活能符合人民大众的利益和要求，从广泛的范围内增强人民民主的大团结，巩固人民民主专政的基础。

吴德峰还指出，必须耐心地教育群众，经过领导促进人民自觉自愿地进行一切抗美援朝活动，形式上要轰轰烈烈，同时注意不得铺张浪费或不爱惜劳动人民的时间等不正确的行为。他说：形式主义是阻碍运动深入的敌人，脱离群众是其必然的结果，应该特别警惕。针对很多人反映的"捐款百出，真伪难分"的问题，吴德峰和市政府决定，发起新的捐款必须经市人民政府批准，要有一定的管理办法和会计记录，并要按时向群众公布账目，求得群众的批准。过去的捐款，责成各区人民政府统一清查，收集材料及收支清册，提交下次区代表会议审查，如有不实不尽的，应予彻查惩办。对捐献飞机大炮的运动应该特别重视，当作目前一个时期最中心的任务来进行，捐款的来源，最好是从增加生产、开创副业生产、畅通物资交流、节约开支等来完成捐献的任务，这样既支援了前方，巩固了国防，同时也增加了社会财富，并提高了自己的技术水平和劳动效率。

武汉工人开展捐献飞机、大炮运动

1951年10月，著名豫剧演员常香玉（照片戴帽者）在武汉义演后,在武汉市妇联主持召开的支援抗美援朝座谈会上讲话

在整个抗美援朝运动中，武汉人民作出了巨大的贡献。据统计，全市要求参加志愿军的群众达万余人；医药界组织了7批手术医疗队，先后有146人赴朝鲜前线服务；在捐献飞机大炮等武器运动中，共捐献人民币977亿元旧币，可购买战斗机65架，全市捐献慰问金124亿元旧币。

根据中央的部署，武汉市从1950年11月份开始了镇压反革命运动，武汉市委特别成立了镇反委员会，吴德峰是其成员之一。镇压反革命运动的主要对象是土匪、恶霸、特务、反动会道门头子和其他现行反革命破坏活动。吴德峰强调，镇压反革命要放手发动群众，大张旗鼓地镇压反革命分子。群众普遍发动起来了，为防止乱捕乱杀，他又常常教育干部，要依照中央颁发的《中华人民共和国惩治反革命条例》规定的政策，坚决贯彻执行“首恶必办，胁从不问，立功受奖”和“镇压与宽大相结合”的方针。他经常深入基层，了解镇反运动的情况，一旦发现有不妥做法，就立即予以纠正。如枪毙罪大恶极的特务分子东方白，没有押到人民群众中公审公判宣布罪状就杀了。对此，他认为没有起到教育和提高群众觉悟的作用，他及时找有关的同志谈话，希望引起注意。后来，在处决那些十恶不赦的反革命分子时，就召开群众大会公开宣判。如1951年4月15日，在枪决武汉大学“六一”惨案凶手牛俊彬，恶霸、匪首项炳南等罪犯之前，就在中山公园广场举行了万人控诉大会，受害人上台血泪控诉罪犯的血腥罪行，台下群情激愤。吴德峰对干部们说：“这样做很好，既打击了敌人，又教育了群众。”

到1951年上半年，武汉市镇压反革命已取得阶段性成果，1951年6月30日，吴德峰在武汉市第二届第一次各界人民代表会议上指出，镇压反革命要注意两种不良倾向：一种是麻痹思想，认为敌人已经完全消灭了，不知敌人愈接近死亡，越要作垂死挣扎，我们绝不能疏忽大意。另一种思想，认为特务是杀不尽的，这是不懂得人民群众是仇视特务，是与反革命势不两立的，只要我们能充分发动群众，再加强政权领导，特务将无存在之余地。因此，今后仍将继续大张旗鼓地镇压反革命，如果能一直坚持下去，是可以做到肃

1951年7月，京汉铁路工人及各界集会，公审杀害二七罢工领导人林祥谦、施洋的主犯之一——赵继贤

清反革命的。

针对一些同志对判处死刑缓期执行，认为是多余的，是糟蹋粮食。吴德峰认为，这是未能真正了解镇压与宽大相结合的政策。他说，这样做，更有利于我们瓦解敌人。对此，审查中无意见的应即陆续依法执行：对劳动改造的判决后，应立即编入劳动改造队（以体力劳动为主），使能将改过自新经过劳动改造中体现出来。为迅速清理现存积案，市政府决定组织全市清理积案委员会，以市委常委、公安总局局长朱涤新为主任委员，吸收各党派、各人民团体的代表以及无党派的民主人士参加，负责清理积案工作。

吴德峰作风正派，顾全大局，始终把党的利益放在第一位，对自己对同志对亲友要求非常严格，从来不拘私情。在镇压反革命时，他的一个亲属因特务问题被抓。亲属来求他，他对亲属说：我是市长，不能拘私枉法，我没有权力放他，他对人民犯了罪就应该伏法，只有向人民低头认罪争取宽大是唯一的出路。吴德峰族上在旧社会有财有势有地位。他的祖上曾收买过两个童男童女，准备殉葬。但老人未死，童男童女就长大成人了，而且政治气候也变化了，小辈们也反对老人的封建思想，所以吴家把这两个童男童女当作养子养女，后来娶的娶嫁的嫁。解放后，家乡搞土改，这事成为吴家遗留下来的一大罪状，一个“童男”诉苦，要找吴家人算账，这账算到了吴德峰的胞弟吴士悉头上。1949年秋，吴士悉带吴德峰的几个孩子从家乡到武汉来找他，吴德峰先将他安排在市政府招待所住下，然后进政府办的“留用人员学习班”学习，以便审查后安排适当工作。不久，湖北各地开展土地改革运动，农民进城要吴士悉回乡。吴德峰尊重地方政府的意见，在处理吴士悉的过程中始终没有干预和袒护，充分表明了他的原则性。

通过“镇反”使新生人民政权得到巩固，社会主义的稳定和经济发展得到保障。

毛泽东在党的七届二中全会上书面报告中，把土地改革的完成作为争取国家经济状况基本好转的条件之一。1950年7月1日，吴德峰在市委发表谈话指出：“中国共产党诞生以来，一直就在为彻底废除封建剥削制度而斗争，而土地改革就是废除地主阶级封建剥削的土地所有制，实行农民土地所有制，借以解放农村生产力，发展农业生产，为新中国的工业化开辟道路。”市委号召全市人民为彻底实现《土地改革法》而奋斗。

当时武汉市辖7个郊区，拥有35000多农户，15万多人口，可耕地17万余亩。这是一个地处大城市和广阔农村的接壤地带，情况极为复杂。地主、恶霸、惯匪、特务、帝国主义的走狗相互勾结，城乡呼应。“四大天王”“八大金刚”“七十二家把头”横行乡里。不到总户数4%的地主，占有郊区28%的土地。市郊地主90%左右是地主兼工商业者，其土地由二地主经营，这种情况决定了市郊土地改革的复杂性。根据市郊地主和民族资产阶级有着千丝万缕联系的特点，吴德峰在市委的领导下，一方面组织工商业者到农村参观，教育他们正确对待并积极支持土地改革；另一方面在土改中，既照顾农民要求，又不侵犯工商业，并作了一些具体规定。

1951年1月29日，吴德峰在市土改训练班发表讲话，比较系统地讲述了土改中的若干重大方针政策。他指出，土改中分析阶级是第一关键。地主：占有土地，不是多少，则是自己不劳动；富农：自己劳动，全部是自己的土地，够种，或者有多余的出租；中农：一般都有土地，有的够种，有的租入一部分或全部，但全部参加劳动，不请长工，请短工；贫农：不够吃穿，自有些土地和不完全的工具，或全无土地，只有一点工具，有时还做散工借贷，与中农区别主要在出卖劳动力；雇农：无土地无工具，主要靠做工，出卖劳动力生活，为农村之无产阶级。他指出，土改的过程分三个阶段，一是讲阶级，即反复在群众中讲明白，依靠贫雇农，保存富农；二是查阶级，即查谁是地主、富农，不要普遍搞，先查地主，后查富农，先查少数人，不要先查贫农；三是通过，首先由贫农通过，其次由农协会通过，再次由土改委员会通过，最后由群众通过。他强调，斗不是打人，消灭地主阶级是从经济上讲的，他是个劳动力要保存；斗要实事求是，事先必须充分准备；保护工商业是从农民利益出发，这一点必须要农民清楚的认识；为了分田，提高人家的成分，这是损害自己的，是一种自私自利的思想，要注意。

武汉市郊土改运动历时一年零九个月，时间不长，但取得了重大胜利。市郊农民通过土改，在经济上分得了胜利果实，使劳动者同生产资料得到了结合，使生产力得到了解放。农民为搞好生产，纷纷添置生产资料，购买牲畜，增加肥料。据第七区（即土改初期的惠济区）7个乡统计，每个乡平均新增耕牛33头、农具175件。生产力的解放，农民生产积极性的提高，促进了生产的增长，1952年粮食产量比1951年增加21%，比1949年增加184%；1953年水稻亩产474斤，比1952年增加10%，比1951年增加31%，比1949年增加215%。

在市郊进行土地改革的同时，在工厂、交通、建筑、搬运等行业中，也发动群众开展了反对封建把头剥削压迫的民主改革运动。特别是码头问题非常复杂，它存在着许多旧的制度和习惯，分割了工人阶级的团结并害及商旅。

吴德峰对武汉的码头问题进行了认真的调查研究，得出了码头问题的基本情况：(一)人多事少。这是一切争执的起源，正式码头工人与散筹工人3万余人。工人多，工作少，工作权与工作问题势在必争，失掉工作权即失业，生活无保障。因此，哪里生意愈好，争夺愈烈。每一次社会变革，争占之风愈盛。此即是“打码头占码头”，视工作权为私有之必然结果。(二)工作权争夺挤占的结果。以汉口之大，无处没有工人“工作范围”“工作之组织”。所有工作均有专业工人。散筹工人，在传统观念上，不得与在业工人取得工作权；而在业工人由于工作历史、工作习惯、工作范围、工作种类、工作牌号的不同，亦不得互相侵犯。这是码头暂时相对安定的根据。然而因为人多事少，而工作习惯、工作范围、工作种类等，又缺乏确切凭证，争夺工作权，争夺工作，又往往打破相对安定状态，而成为时起时伏绵延不断的激烈斗争。没有整个制度的革命措施，一切暂时的安定，只会延长工人阶级的痛苦。(三)封建性行会观念。这是工人的枷锁，是特务流氓利用以剥削工人的武器。工人群众为了争工作争饭碗，同行同事，相互信赖，有事则死拼恶斗，互不让人，讲义气拼勇敢。而流氓恶棍，则利用工人这一弱点，以封建行会观念分化工人团结，有意强调本行的狭隘利益，不顾其他工人的利益。正当工人只有隐痛含辱，以求存在。而破坏分子则乘机利用作为打手、后台，而参与其间，建立凶恶蛮横之统治，无事生事，有事则酿成大事，制造纠纷，大肆挥霍，平时坐分干股，大发其财。工人群众求生造成之惨祸遂成为坏分子乘机榨取之基础并借此危害商旅，影响工人声誉。

吴德峰认为，近百年来所遗留下来的大问题企图在一个早晨解决是不可能的，要有计划，要有步骤的进行，决不能操之过急。他强调，没有共产党的领导，工人阶级的厄运是无法解脱的。因此处理码头问题，首先应高度同情广大人的工人群众，仇恨特务坏分子。依靠工人的团结自觉运动，协助政府对旧制度进行逐渐改变。依据上述精神，武汉市人民政府制定了《码头管理暂行办法（草案）》，为保障工人之合法权利，铲除封建特权及陋习，适当的规定力资，处理剩余劳动力，制定了切实可行的办法。

一切为了人民群众

吴德峰曾经深情地说：大革命时期，武汉人民支持、保护过我们共产党人，我有切身体验；今天解放了，我们共产党人更要百倍地回报武汉的父老兄弟姐妹们。

就在吴德峰进城的前一天，武汉下了一场大暴雨。为了保障人民生命财产的安全，他一进城就找到原长江水利委员会的水利专家涂允成工程师，仔细询问，听取意见，采纳良策。他带着涂工程师和有关人员查看了沿江大道防水墙、张公堤、岱家山排水闸和金潭、银潭等堤防险要地段。他指示有关部门一定要认真做好防汛工作。汛期内，他天天关心水位涨落情况，有几次水位超过警戒线，他就睡不好觉，及时召开防汛会议，亲自布置防汛部门率领军民上堤，抢修险段，确保了江城安全，终于渡过了解放后第一个汛期。

1951年5月26日，武汉市重划区（今汉口大兴路一带）发生了一场特大火灾，烧毁了棚户区几乎所有的木板房，受灾居民达3300多户、10300余人，毁坏房屋2900栋，遇难群众7人。吴德峰闻讯后亲自奔赴火灾现场，同市公安局长朱涤新、市府秘书长易吉光紧急成立了火灾善后处理委员会，连续召开紧急会议。在5月27日的紧急会议上，他强调，要解决灾民饮水、吃和住的问题。救灾物资

1951年，吴德峰在武汉市庆祝五一国际劳动节大会上讲话

的发放，由区政府负责，组织灾民按地区分组组织，按人口发放；住的地点由房管会指定地点，今天就要指定。他指出，区政府要全部力量投入这项工作；公安局派出所负责维持秩序；卫生局负责治疗重伤员，医药费允许报销，出院要带给药。在5月29日的紧急会议上，吴德峰提出，以救济分会为主，公安局、区政府安排一部分干部，加紧善后工作。由于他的正确指导，及时解决了万余灾民的吃、住、用水、医疗等急迫问题。同时，责成公安局组织力量，调查起火原因，总结经验教训。此后，他经常到重划区看望受灾的居民，关心他们的生活。一位老大娘拉着他的手说："我活了70多岁，没见到像你这样好的市长！你是我们的贴心人呐。"他对两眼闪着泪花的老人亲切地说："老人家，莫夸我，应该感谢共产党，感谢毛主席。"

新中国成立伊始，武汉市是全国失业现象最为严重的5个大城市之一。据统计，武汉新中国成立初期失业和半失业人员，1949年为23140人，占全市总人口的2.27%。1950年6月12日，武汉市成立了以吴德峰为主任委员的武汉市失业工人救济委员会及其办事机构失业工人救济处。该机构在两年多的时间内，先后颁布了一系列政策、法规、法则、细则和通告，及时指导失业工人救济工作的开展。这些措施包括：（一）失业登记。从1950年6月12日至1952年8月底分四期进行失业人员登记，共达59579人。经过一段时间的工作，通过种种渠道，解决了34146人的工作安排问题，其中由劳动所介绍工作的计19506人，其他人员则是由自己找到工作或由政府安排工作。（二）发放救济。1950年5月至7月，武汉市工人捐款74001元。1950年10月，各界共捐助寒衣9834套。从1950年6月至年底，中央拨款234667元，拨粮14333334斤；各界募捐收入2833元，粮1463斤；征集收入1090118元;其他收入257元,粮6261斤。1950年6月到1951年年底，全市共发救济粮22615221斤，款203321元。（三）以工代赈从1950年至1951年年底，先后组织50703人次参加市政建设，实行以工代赈，两年中完成主要干道的培修工程计4312219平方米，完成堤防培修工程50余公里,填筑土方计12493944立方米。（四）转业训练。1950年7月开始举办失业工人转业训练班，到1952年年底，经过自办、合办、委托办三种形式，先后办了26个不同类型的转业训练班，参加训练的失业人员达11044人，其中6597人经过短期训练先后就业，其余人员经过继续训练，陆续得到了安排。解放早期的武汉失业工人训练班，虽然大部分是在救济观念指导下进行的，但是，对提高失业人员的政治觉悟和文化技术水平，具有深远的意义，它是技术工人职业培训的最初尝试。

在“三反”“五反”运动中

1951年12月下旬，武汉开展反贪污、反浪费、反官僚主义的“三反”运动，成立了反贪污联合调查委员会，吴德峰任主任委员。12月29日，他为《大刚报》撰写社论《坚决、勇敢、充分地发动群众开展反贪污反浪费反官僚主义的斗争》。社论指出，当前的主要问题是继续坚决地放手发动群众，使反贪污、反浪费、反官僚主义的运动充分展开。反贪污、反浪费、反官僚主义运动的重点是在政府及党群机关，以及国营公营企业单位，群众应向着这些方面进行批评与揭发。反贪污、反浪费、反官僚主义运动的目的是提高群众思想，改变风气；清除封建阶级官僚资产阶级的思想，批判资产阶级小资产阶级的思想，确立无产阶级的思想；在运动中锻炼培养并发现干部，整肃纪律，改革工作组织与制度，改善领导；消灭贪污浪费的盗窃行为。1952年1月29日，他召开市政府系统各单位股长以上干部会议，重申“坦白从宽，抗拒从严”的政策，要求贪污分子从速坦白，痛改前非，重新做人。自此，在政府机关和公营企业部门全面开展“三反”运动。

在“三反”运动中，广大群众检举揭发出来的大贪污分子，几乎都与资产阶级中的不法分子相勾结，行贿、盗窃、偷税漏税等种种弊端都是不法资本家采取的基本手法。于是在开展“三反”运动的同时，开展了反对行贿、反对偷税漏税、反对盗窃国家财产、反对偷工减料和反对盗窃经济情报的“五反”斗争。吴德峰深入到各机关团体、企业部门以及工商联，日以继夜工作，鼓励大家检举“五毒”行为。市店员工会开会，他到会给大家出主意、拿办法、讲政策，鼓舞斗志。2`月1日，申福新厂职工致信他，欢迎党和政府开展“五反”运动，同时也反映了一些人故意阻挠、破坏“五反”运动。2月15日，他给申福新厂职工复信，支持他们的正义斗争，希望他们“永远站在斗争的前线，坚决贯彻运动中的政策、决定，不打退资产阶级的猖狂进攻，不取得彻

“五反”运动中，武汉三联公司工人斗争不法商人

底的全部胜利，决不收兵。”由于他密切联系群众，善于调动群众的积极性，全市的“三反”“五反”运动蓬蓬勃勃地开展起来。

吴德峰一贯讲求“尊重事实，实事求是”的工作作风。“三反”“五反”时，担任中南军政委员会交际处处长的邱肱良，因经常负责内外宾接待工作，一度被当作打“老虎”的对象进行批判。吴德峰从市长岗位退下来后，就主动要求到基层参加“三反”“五反”工作负责处理此案。他坚持实事求是，按政策办事，结果查实，原对邱的批判均属“事出有因，查无实据”，于是将不实之词推翻了，重新作出了正确的结论。邱肱良后来不止一次提起此事，他说：“三反、五反运动中，假如不是吴德峰坚持实事求是的原则，那么我的政治后果将是不堪设想的。”

吴德峰在不平凡的革命生涯里，经受了无数次大风大浪的严峻考验. 每当如此，他能够忍辱负重，顾全大局，耿耿衷肠，置个人利益于脑后，1951年4月，武汉市立二医院发生一起“盗款未遂”案。1952年2月，中南局认为武汉市公安局办错了案，武汉市委、市政府及主要负责人犯有官僚主义错误，并对武汉市委，市政府进行了全面改组。吴德峰的市长职务被免除。在这种情况下，他没有做任何申辩，而是很沉痛地说，“我受党的教育多年，犯了官僚主义错误，接受组织对我的处分”。吴德峰还对同志们说，我们共产党员无论在任何时候党性的标准是，一切服从党，无条件地服从党、服从党的利益。

新任市委书记、市长李先念非常了解吴德峰，他到武汉市工作后第一次召开党组会，会前对工作人员说：请德峰同志也参加这次党组会，请他讲一讲当前还有几项主要工作要抓及他对今后工作的构想。我对武汉市怎么也不如德峰同志熟悉，他大革命时期，就在这当公安局长，国共分家德峰同志为了保存我们党的力量起了很大作用，做了很大贡献……这次市政府党组会是吴德峰最后一次参加的市府党组会议。会上李先念充分肯定了他在武汉工作的三年成绩和优良传统作风，强调指出：德峰原来制定的决议要继续认真贯彻执行，尤其是德峰在艰苦朴素方面的决议，对武汉市应该说是宝贵的财富。中山公园不大兴土木，发动机关干部义务劳动；劳动人民文化宫采取干部礼拜六义务劳动制进行兴建，都是很可取的，无疑给我们武汉市的好作风打下了基础。德峰有很多优点，深受人民爱戴。他经常深入群众，看望“棚户”的作风，我希望武汉市的干部都要继续保持这样的作风，能在我们干部中，特别是市委领导中发扬光大。我们决不应该因“纪凯夫案件”，而不公正地对待吴德峰同志。

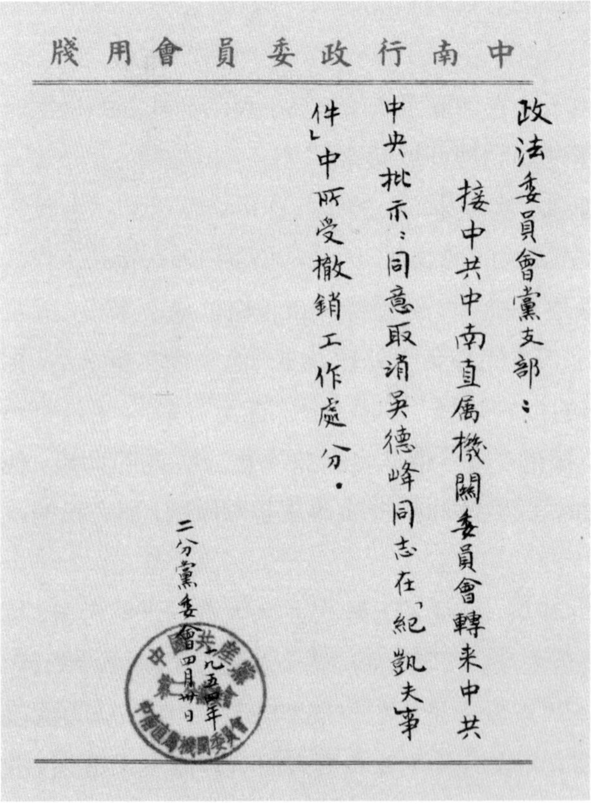
中南行政委員會用箋

政法委員會黨支部：

接中共中南直屬機關委員會轉来中共中央批示：同意取消吴德峰同志在「紀凱夫事件」中所受撤銷工作處分。

二分黨委會

一九五四年四月卅日

1954年4月，中央取消吴德峰处分的通知

1954年4月，中共中

南局直属机关委员会转来中共中央批示："同意取消吴德峰同志在'纪凯夫事件'中所受撤销工作处分。"但没有对外宣传、登报，不少同志都为这件事想不通，而吴德峰却说："抛开个人利益来看当时国内外的影响是好的，它表现了共产党员是廉洁的，党的声望是高的。即使是受了委屈，也不能让母亲给自己的孩子作检讨啊。"吴德峰一贯就是这样，处处以党的利益为重，努力捍卫党在群众中的形象。

吴德峰被撤职的消息，全国各大报纸都刊登了。但他不因此而感到气馁，产生不满情绪。在未重新分配工作时，主动提出要到"三反""五反"办公室临时帮助工作，每天由六合路步行到德明饭店去上班，工作仍是一如既往的认真负责，充分显示出一个共产党员的高尚品质。

十一、耕耘政法战线

1952年4月，吴德峰担任中南军政委员会政法委员会秘书长，从此，他走上了政法战线。他干一行、爱一行、钻一行，呕心沥血地为推进我国社会主义法制建设而努力，是我国社会主义法制建设在初创阶段的重要参与者、开创者之一。

宣传新中国首部宪法

1954年9月，第一届全国人民代表大会在北京召开。吴德峰作为大会代表出席了会议，并担任第一届全国人民代表大会法案委员会委员。第一届全国代表大会在我国社会主义政治建设和法制建设的历程中，具有里程碑式的意义。大会以前所未有的立法规模讨论通过了新中国历史上第一部基本大法——《中华人民共和国宪法》，并相继讨论通过了《中华人民共和国人民法院组织法》《中华人民共和国人民检察院组织法》等一批基本法律，我国社会主义法制建设进入了全面建设的新阶段。

还在《宪法（草案）》在征求意见阶段，吴德峰就进行了认真的学习研究，并在有关单位进行了宣讲。比如，他就曾应中南政法学院的邀请，到该校就宪法问题作了宣讲。他在讲话中，就宪法的意义，宪法所规定的新中国的性质、人民主权的原则以及司法业务方面的重大问题作出了深入浅出的分析，受到该校师生的欢迎。

中南人民出版社（现湖北人民出版社）为适应读者学习与宣传宪法的需要，即请求吴德峰以在中南政治学院的讲授提纲为基础写一部宪法讲话，交付出版，作为一般学习与宣传宪法的参考材料。最初，吴德峰感到自己对宪法研究尚有不够，比较慎重。但出版社“再三以鼓励督促之言相告，到了义不能辞的地步”，在这样的情况下，他“只得以学习的态度”将原有的提纲进行补充和修改。原讲授提纲内容相对简单，是对一般司法干部讲的，偏重于司法业务方面的各项问题。经过改写的这本宪法讲话则力求通俗、全面，以适应广大读者的需要，做了较多的增补和修改。第一届人大会后，他根据刘少奇在会上所作的《关于中华人民共和国宪法草案的报告》，又进行了重新整理和补充。

9月28日，也就是在第一届人民代表大会通过《宪法》后的第八天，吴德峰为他的这本小册子——《中华人民共和国宪法讲话》写了前言。他在前言中写道：“中华人民共和国宪法已经由第一届全国人民代表大会第一次会议于9月20日全体一致通过并公布了。这是我国社会生活中极其重大的事件，具有伟大的历史意义与国际意义。”他指出：“全体公民对宪法的责任是深刻地领会宪法的精神实质，并贯彻到日常实际工作与生活中。一方面自己要很好地遵守宪法；另一方面坚决与违反宪法的分子和行为作斗争。”他“希望这本宪法讲话的小册子，为学习我国宪法的读者们贡献一些基本知识”。

吴德峰在《宪法讲话》里尽管多次说是“抱着学习态度来写的”，但不可否认的是，这本书仍是当时难得的宣传佳作之一。因此，本书出版以后，受到各方面读者的喜爱和欢迎，他们纷纷致书出版社和吴德峰本人，对本书作了较高的评价，同时也提出了一些有价值的意见和建议。特别是人民教育出版社将本书作为学校讲授宪法的参考，而学校讲授要求归纳式的方法，因此建议先按宪法章节讲解，然后综合讲到精神实质。在这种情况下，出版社决定再版此书，一方面以方便更多读者的阅读需要；另一方面便于作者进一步对本书的修订完善。

这本书原约定在1955年2月再版重印，但因吴德峰比较繁忙，空余时间太少，一直拖到4月。1955年4月1日，他为再版的《中华人民共和国宪法讲话》写

吴德峰编著的《中华人民共和国宪法讲话》

了前言，就广大读者关心的几个问题作了解答。第一，关于本书的写作目的和体裁。他说，本书是为宣传宪法而作的。在体裁上是按宣传要求写的，采取演释的方法，先讲总的特征，再按宪法的章节进行解释。至于人民教育出版社的提议，经与各方面研究，多数意见认为本书还是作为宣传宪法的参考为宜，学校在讲授宪法作参考时，可先讲主干部分，即第二到第七讲，然后再讲总论部分，即第一、第八两讲，这样可同时解决两方面的需要。第二，有些读者提出的希望增加国家起源和演变及其职能的章节，还有读者希望将本书改为中华人民共和国宪法通论或概论式的体裁，吴德峰认为这两个问题实质上是一个意见，这样一来，就必须从国家起源和演变说起，工作量比较大。他考虑到工作繁忙，无法用较多的时间进行改编；而时间过长又不能适应出版社的要求。因此，他考虑，一方面，对原书只补充部分材料，修正一些词句，不作大的修改，即由出版社出版；另一方面，计划按通论式的体裁另编一本宪法讲话，在试用之后，争取两年内定稿。

推进法制建设

1954年10月，吴德峰调任国务院第一办公室（后改为政法办公室）副主任。这一年，他58岁，面对新的工作环境和工作对象，他又开始勤奋地学习法律知识。在北京，他与周恩来、董必武等志同道合的革命家再次相聚，在他们的领导下，耕耘在新中国法制建设的田野上。

董必武是我国社会主义法制建设的重要开拓者。新中国成立伊始，董必武任政务院副总理兼政务院政治法律委员会主任，领导全国的政法工作。后又相继任中国政治法律学会会长、最高人民法院院长等职。长期的政法工作，使董必武对法律有着精深的认识。董必武是吴德峰在革命战争年代的师长和亲密战友，他的思想对吴德峰有着很深的影响，董必武法制建设思想也深深地影响着他。他认为：（一）法制是人类文明的主要一项，国家没有法制，就不能成为一个国家，新中国的发展也离不开法制建设；（二）依法办事，是我们进一步加强人民民主法制的中心环节。依法办事有两方面的意义，其一是有法可依，其二是有法必依；（三）党与法是辩证统一的关系，党领导人民制定法律，并带领人民依法管理国家各项事务，特别是党员要带头守法，这是保障法制顺利实施的重要条件。这些思想成为吴德峰从事和领导政法工作的重要指导思想。

在董必武等的领导下，吴德峰为推进法制建设作出了应有的贡献。早在1949年11月初，为了团结政治法律界党内外专家学者组织统一战线和开展学术研究活动，董必武领导建立了新政治学研究会（筹）和新法学研究会（筹）。在此基础上，1952年董必武又提出建立中国政治法律学会，并于同年7月提出了中国政治法律学会的方针任务。1953年，中国政治法律学会成立，董必武亲任会长。1956年5月，吴德峰兼任中国政治法律学会副会长，后为会长、党组书记。在董必武的领导和指导下，他对中国政治法律学会的工作抓得井井有条，受到学会各方面人士的好评。

董必武对于建立专门性的法学研究机构尤为关注，亲自主持创办中央政法干校，努力帮助重建北京大学法律系和北京政法学院。1954年5月，他在中国共产党第二次全国宣传工作会议上说："法学在我国没有进入科学之门，现在中国科学院有哲学研究所、历史研究所等，还没有法律科学研究所。恐怕今后应当考虑有步骤地设置这一机构。"1956年9月，在党的第八次全国代表大会上的发言中，他再次提出："法学是一门重要的社会科学。我国科学院有五十个科学研究所，而法学研究所至今在商谈筹备中。"在他的积极促进下，法学研究所同年开始正式筹备。中央对法学所的创建十分重视，决定由中央政法小组秘书长吴德峰"亲自抓这个事"，具体工作则由张友渔主持。

为了筹建法学研究所，吴德峰亲自参加了在政法干校（当时法学所没有办公地点，暂时借住干校的房子）召开的两次筹备会议，讨论了法学所的建设方针，决定调入莫斯科大学的留学生吴建璠、王叔文、司马念媛、佟明辉，列宁格勒大学留学生曾庆敏，中央政法干校的欧阳涛、谢国交、夏国强、卢扶民、程万里，中国人民大学的黄明川、韩山峰等12位年轻同志进法学所工作，形成法学所最初的研究队伍。后来，在董必武与他商谈法学所的建设问题时，吴德峰凭自己对新中国法律建设的理解，再次郑重地向董老推荐一批对中国法律建设有着深刻研究的人员名单。1958年10月，在北京故宫东北角、景山东麓，一个浸透着五四风云的旧址，中国第一个国家级法学研究机构：

吴德峰（左四）、张友渔（左一）等在全国政法学会会见外宾

中国社会科学院法学研究所正式诞生，著名法学家张友渔担任第一任所长。之后，上海科学院也成立了政治法律研究所。

作为中国政治法律学会的主要负责人，吴德峰非常关注的是培养法律人才。北京大学的赵理海就是一个典型的例证。赵理海，1939年毕业于燕京大学，1944年获美国哈佛大学博士学位，曾任武汉大学、中央大学、南京大学教授及美国纽约大学客座教授。1952年全国院系调整，各政法院系撤销，法学教师改行，赵理海调南京大学历史系工作。1954年，新的北京大学法律系成立。这时，吴德峰听说了赵理海的情况，就积极向有关方面介绍和推荐。1957年赵理海来到北京大学，重执他热爱的国际法研究。后来，赵理海当选为国际海洋法法庭法官，兼任中国海洋法学会副会长、海洋国际问题研究会副会长等职。

从中华人民共和国成立到1957年上半年，是我国法制建设正常健康发展的时期，开创了中国依法治国的端始，为十一届三中全会后党开辟依法治国新时期提供了重要的实践经验。作为我国法制建设的重要领导人之一，吴德峰为这一时期我国的法制建设作出了自己应有的贡献。但从总体上看，这个时期治理国家，主要仍是靠党的政策，依靠党发动群众，领导政治运动，完成

1958年，邓颖超与吴德峰、戚元德合影

民主革命未完成的任务，党还没有充分认识到法制对整个国家的治理和建设的重要性。当时就全党来说，总的是把宪法作奋斗目标，认识到法律是有用的，是为当时的路线和经济建设服务的。但那时并没有认识到历史和社会的发展要求必须依法治国。这就在一定程度上制约了董必武法制建设思想在实践中发挥更大的作用。因此，新中国成立头七年法制建设中还存在着许多不足之处。

在最高人民法院的工作

1960年12月，吴德峰由国务院政法办公室副主任转任最高人民法院副院长、党组副书记（正部级、行政六级）。他担任这一职务，充满着艰辛和挑战。

1957年后，中国法制建设并没有延续新中国成立之初的良好开端，而是出现了曲折坎坷。随着反右派斗争严重扩大化开始，“左”的错误在法制建设中逐渐占据统治地位。党中央全力推行“依靠群众的直接行动，而不依靠法律”，同时把“依法办事”“健全法律秩序”的治国方略以及一系列司法理论和实践，错误地视为资产阶级旧法思想、右倾路线而加以批判和否定。这个批判在1958年第四届全国司法会议上达到了高潮。从事司法工作的一些同志因此也横遭不幸，或被打成“资产阶级右派分子”，或被打成“反党集团”“宗派集团”，受到错误处理。

吴德峰就是在这种情况下出任最高人民法院常务副院长的。在他担任常务副院长的几年时间里，司法部被取消，律师制度、公证制度也被取消，尚不完善的中国法制遭到严重破坏。在法制环境相当严峻的岁月里，他为我国的司法工作尽了自己最大的努力。

吴德峰很重视刑事诉讼法的修改工作。1962年，他主持修改刑事诉讼法小组工作。参加修改的有全国人大常委会、最高人民法院、最高人民检察院、公安部、中央政法小组、中央政法干校、中国社会科学院法学研究所、北京政法学院、北京大学法律系等单位。7月9日，吴德峰召集修改刑事诉讼法小组会议，他指出：修改刑事诉讼法“主要参考我们过去革命经验的总结，其次要参考旧中国的。中国的不够，可以参考外国的，首先要参考苏联和其他社会主义国家的，也可以参考一些资本主义国家的。参考旧中国和外国的经验要结合我们的实际情况，不要照抄，要批判地汲取。”他进一步说：“对于旧的法律不要一律排除，旧的法律不完全是都是坏的，其中有一部分也有人民斗争的成果。人民斗争得来的东西，要有批判地采用。”

吴德峰要求司法审判一定要重证据，要公正。早在延安时期，毛泽东就对他说，肃反扩大化错杀、伤害了不少我们自己的同志，这对我们全党是一个沉痛的教训，今后决不可动不动就随意乱开杀戒，做错了事可以纠正改过，但错杀了人，人头落了地就不能再安上重生了。毛泽东这一教导始终铭记在他心中，他在最高人民法院任常务副院长主持最高法院工作期间，坚决反对“八字衙门朝南开，有理无钱、无权莫进来”的旧法观念，坚持人民民主专政、坚持党的领导、坚持法院垂直领导、坚持法院独立审判等原则。在执法中，坚持可捕可不捕的不捕、可杀可不杀的不杀，罪大恶极该杀、不杀不足以平民愤、不足以维护法律法规的依法从严判处死刑，并强调死刑案必须要呈报最高人民法院核准后方可公告执行，严禁乱捕、乱杀、随意处决犯人。

虽然也有人不同意他的观点，批判他右倾、有阶级立场问题，但他始终以亲身经历、主席的谆谆教导去说服教育不同观点的同仁、同志。他在一次会议上，鲜明地指出：“第一次社会镇反最初时期，为了把运动很快开展起来，当时提出‘可捕可不捕的，捕了没错；可杀可不杀的，杀了没错’。但过了一定时期，可捕可不捕的，捕了就错；可杀可不杀的杀了就错。所以过去说过的一些话及有关政策方面的一些问题有一定的时间性，不能照搬，要具体分析。”不久，全国政法系统明确了贯彻从严方针仍然要坚持“惩办与宽大相结合”和“三少”（少杀、少捕、管制也要少）政策，坚持严肃与谨慎相结合，惩办少数，改造多数的原则。在法律也要体现阶级性、斗争性的政治环境下，吴德峰的这些想法和做法是很有新意的。

吴德峰还要求法律文书做到规范性。1964年，司法部被撤销，北京政法学院划归最高人民法院领导。此时主持最高人民法院日常工作的他给北京政法学院写了一封信，信中说现在法院的法律文书存在的问题太多，有待提高，你们应该开这门课。这在当时所有的政法院校里面都是没有的，由于北京政法学院是最高人民法院的直属学校，又在首都，就开始准备材料，于1965年开始讲授法律文书这门课程。

从1952年到1966年“文化大革命”开始，吴德峰为中国法律制度的建立和完善，辛勤地添砖加瓦。他离开最高人民法院副院长岗位时，已是70岁的老人。

十二、“文革”磨难

1966年5月，中国开始了十年“文化大革命”。毛泽东发动这场运动的出发点是防止资本主义复辟、维护党的纯洁性和寻求中国自己的社会主义道路。但是由于理论认识的局限、方法手段的错误和林彪、江青集团的恣意破坏，“文化大革命”成为一场内乱。“文化大革命”十年是吴德峰遭受磨难的十年。这位无产阶级革命家在残酷的人生际遇面前，毫不气馁，默默无闻地坚守自己的理想信念，不信邪，不怕邪，展示了一个优秀共产党员的崇高风范和优秀品质。

“文革”前期

1966年5月16日，中共中央政治局扩大会议通过《中国共产党中央委员会通知》。以“五一六”通知为标志，“文化大革命”开始发动。

“文化大革命”开始后，首先受到冲击的是党的各级领导干部，他们纷纷被红卫兵和造反组织当成“走资本主义道路”的当权派揪出来，受着无休止的批判。这是他们人生中又一次新的考验。唐太宗李世民赠宋国公萧瑀有句很有名的诗句：“疾风知劲草，板荡识诚臣，勇夫安知义，智者必怀仁。”吴德峰很喜欢其中的“疾风知劲草，板荡识诚臣。”他说时局遇到困难，党有了困难，个人遇到困难，这些都是对共产党员的考验。革命高潮时，很多人喊着万岁涌进党里来，一遇到低潮又悄悄退出去。吴德峰一生的经历中，多次身处逆境，即使沧海横流，他都保持住了共产党员的崇高气节和革命品质。

“文化大革命”的风浪不可避免地冲进最高人民法院。在极左思潮砸烂公、检、法口号的鼓动下，中央和国家政法、专政机关也受到巨大的冲击。最高人民法院办公大楼被造反派和红卫兵进驻，满楼道铺天盖地都是大字报。法院正常工作秩序被搅乱，院党组会议也开不成，所有领导干部都靠边站了，群众分成了几派。“文革”一开始，最高人民法院主持工作的副院长吴德峰就被勒令靠边站，经历了他一生第二次被打倒免职。

离开工作岗位的吴德峰不可能逃脱厄运。法院造反派在最高人民法院贴出的第一张大字报就是：“拒不执行××同志的指示，就是反党！反中央！”既而他又成了“走资本主义道路的当权派”。他被戴上的帽子有七八顶之多，

“三反分子”“黑帮”“走资派”“修正主义分子”“反动学术权威”“官僚地主的孝子贤孙”“叛徒头子”“特务头子”等。他在造反派的监督下，拖着行动不便的双腿，由他小女儿吴持生搀扶着去看群众的大字报，还要接受无休止的群众批斗会。“文革”中抓“叛徒”成风，他长期从事秘密工作，自然成为了被怀疑的重点对象。一次，红卫兵斗争他时逼问：“搞秘密工作的人差不多都被捕过，你为什么没有被捕？”他干脆地回答，“这说明我的秘密工作做得好！”他住的房子被贴满了封条，并且被一次一次地抄家，院子里贴满了“罪该万死”“砸烂狗头”之类的大标语。

“文革”中,造反派在吴德峰家大肆查抄，拿走了所有他们认为有问题以及可能对某些人不利的文件资料。第一次抄家的那天，造反派在中午突然用小车送吴德峰回家。吴德峰感到蹊跷，注意观察，发现造反派头头在布置人员车辆、准备口袋。他意识到这是要去抄家。他一进家门就问戚元德有谁在家。戚元德告诉他，女儿持生今天要上夜班，正在家睡觉，他立即叫醒女儿让她到自己书房来，并请阿姨给女儿准备了上夜班带饭的饭盒。吴德峰迅速从桌子、书架、柜子内很快将一些能证明他革命历史清白的关键资料、文件、证件装入一个外观不太大但装东西多的提袋中。吴持生刚接过提袋和饭盒，就听大门口门铃急促地催响着。吴德峰立即叫阿姨去前院开门，同时不慌不忙地交待女儿沉着应付，用左手垂提手袋贴靠身体，右手举拿饭盒靠廊壁行走，若造反派问干什么去，从容回答去上中班就行了。这包东西带出去后好好保管，他何时要何时再拿回来。正如吴德峰预料的那样，造反派进大门后在二门外走廊迎面碰上吴持生，只注视检查了右手举拿的饭盒，并未在意左手垂提紧靠身体的手袋，就放行了。

第二次抄家时，戚元德和吴持生站在屋里，注视着造反派抄查对面吴德峰的书房，突然看见吴德峰身体似站立不稳，就在“晕眩”之际，将桌边两本文件碰掉桌下。接着又乘弯腰捡文件之际，用捡起的一本将另一本绝密文件扫进了沙发底……女儿吴持生没有经验，两眼直愣愣地盯着父亲看。还是戚元德反应迅速，说了句他们抄他们的，不关我们的事，把屋门关上，掩盖了过去。

1968年冬，吴德峰被隔离审查，关押起来，高烧40℃也得不到医治。一家

1967年11月，吴德峰、戚元德夫妇与儿孙合影

被勒令搬离原住正房，戚元德被迫搬到阴暗、低矮的储藏室居住。住房没有暖气，没有水，连厕所也被封闭，她的青光眼病更加严重了，视力很坏，严重的类风湿性关节炎也加重，疼痛难忍。一家老小在这种环境里度过了那个严寒的冬天。林彪、江青一伙对老同志不择手段地残酷迫害，使他们越来越看清了这伙人的恶毒用心。他们不是在捍卫革命，不是真正要纠正、批判革命工作中的缺点和错误，而是要趁机从肉体上消灭这一批对党、对革命忠心耿耿的老同志。有一次戚元德对子女们讲：你爸爸眼睛开了刀（治白内障），医生不让看东西，造反派就偏逼着他昼夜不停地写检查，还不许家人代写；他血压高，心脏病发得很厉害，医生证明一送去，造反派就对他拖打，斗争得更厉害，而且口口声声要追他的“黑后台”，看来问题很复杂，已不是整他个人了，而是将矛头向着党中央，对着周总理和其他中央首长。她叮嘱子女们要提高警惕，千方百计保护爸爸，严防坏人杀人灭口。她还告诉子女们，这不是关系到那一个人、那一个家庭的小问题，而是关系到党和国家存亡的重大问题。当时，戚元德全身关节炎病发，痛得很厉害，坐卧、行走都很困难，但她仍咬着牙，每天吃最大剂量的激素，撑着起床，指挥子女到处奔走，在生活上关心照顾吴德峰，在政治上支持他。

在极度的摧残下，吴德峰仍坚守着入党时的誓言，坚持党的原则和纪律。造反派们知道他长期从事党的秘密工作，在中央与一些领导同志一起工作多年，了解很多党的机密，就逼迫他讲出一些有关中央领导人的事情，为打倒一些党和国家领导人制造依据。吴德峰总是缄口沉默，半句也不谈。造反派要他在一些似是而非的文件上签字，他更不肯从命。造反派们于是采取车轮战术对他围攻，辱骂、毒打、罚跪等无所不用，即使是被迫害到身体和精神都不堪忍受的时候，他也始终严守党的机密。造反派恼羞成怒地说："是哑巴也叫你说出话来……叫你这个老头尝一尝造反派的脾气。"终于使吴德峰在激怒下开口说话："你们造反造得晚多了。我从你们祖父一辈的时候就造过反。我造过帝国主义的反，造过袁世凯的反和北洋军阀的反，造过国民党蒋介石的反，你们造的是哪家的反。"

就是在这种非常困难的环境下，吴德峰也能始终保持乐观的态度，因为他相信光明最终都会战胜邪恶。"文化大革命"初期，他被造反派拉去斗争。每次挨斗回来，被整得精疲力竭，但他没有愁眉苦脸，是一副超然自得的表情。这种表情告诉人们，造反派不过是一时跳梁，一缕过眼烟云。在"文化大革命"中，他不仅自己受到批判，子女也受到牵连，被批斗并被造反派开除党籍。女儿吴持生被戴上高帽子后，回到家里委曲大哭。他看着女儿反而笑了，风趣地说："你哭什么呀，我们革命几十年才戴了高帽子，你才工作几天就能混上和我们一样的待遇，挺不错嘛。""革命不会是一帆风顺的，你们要用党员的标准来好好衡量一下自己，错了就改正，对的就坚持。一定要经得起革命斗争风浪的考验，经得起任何打击和挫折，任何时候都不能丧失共产党员的革命立场和信念。"

1966年9月，中央调谭冠三任最高人民法院第一副院长、党组第一副书记，主持全面工作。谭冠三在调查了解吴德峰的情况后，向中央主持政法工作的谢富治汇报自己的看法，认为吴德峰是经过几十年革命斗争的老同志、党的好干部，工作中有缺点、错误可以通过批评与自我批评的方式，经过自我总结、向群众作出检查，取得谅解，不存在反党、反社会主义、反毛泽东思想的"三反"问题。谢富治对谭冠三的坦言非常不满，两人不欢而散。谭冠三通过做群众工作，讲清道理，以大量的调查事实向群众组织说：吴德峰不是"三反分子""走资派"，而是忠于党、忠于毛主席、忠于社会主义建设事业的老革命、老同志，制止个别造反派揪斗吴德峰的过激行为。经过一段时间的工作，吴德峰由“群众专政”强制打扫厕所等劳动，改成做其力所能及的翻糊旧信封的事情，最后能回家写“思想检查”“汇报”，无需天天上班、接受批斗了。

最高人民法院等政法系统的“文革”形势引起一些人的不满，突然宣布对公检法实行军管。军管小组进驻最高法院以后，将中央派到最高人民法院主持全面工作的谭冠三停职、揪斗。法院造反派对吴德峰的迫害、揪斗地再次升级，关押在机关隔离审查，直至1969年病危，才在革命群众要求下送医院抢救。就在这种情况下，吴德峰对家人说：“无论遇到什么困难，请相信我决不会自杀。”他要等到云开雾散的一天。

谭冠三在最高人民法院的实控领导权被夺后，军管组对吴德峰变本加厉地揪斗、迫害。吴德峰预感到要对他下毒手了，就在对他实施“专政”关押的头一天晚上，把戚元德和子女叫到他住的房间内，第一次告诉孩子们，他被称为党内“活字典”“百科全书”，这使某些人耿耿于怀、心存害怕。

他对家人说：我可能很快被关押隔离，要是关押在高院，说明他们是欺瞒中央私“拘”的，你们就要尽快将情况捅上去。可行的途径有三：一是通过王震等老同志找周总理向中央反映情况，二是找你们罗表叔(罗青长)向总理报告情况，三是持我亲笔信到中南海北门对面北京图书馆门口的邮筒旁站着，等待门卫来问，就将信交给来人，信封必须写明周恩来总理亲启，下必须署明发信人我们家的详细真实地址、电话和我的姓名，信封绝对不能封口，按以往情况该处门卫兵不会扣压，会直送总理办公室转交周总理的，只要送到总理办公室，总理就会看到过问的。

他还叮嘱家人，今后万一他出了意外，一定要搞清他的死因，要相信他决不会做出“叛党”、对子孙不负责任自杀的事。并嘱咐家人在任何情况下，都要注意保守党和国家机密，不能胡言乱语。并约定，今后凡是他署名写的亲笔信或字条，一定要验证他加盖名章的方位（图章的“吴”字向上对角盖是真），不要轻信他人言辞话语。

不出吴德峰所料，第二天中午，最高院军管组就通知对他施行“专政”，隔离审查了，要家人将洗漱用品、换洗衣物交他们取走。吴德峰开始关在原最高院上访平房，后关进马锡武住的四合院，直至1968年病重送往北京医院抢救。

周恩来多次指示要解放吴德峰。但是，一些人欺上瞒下，千方百计企图把他置于死地。当时任中央调查部负责人的罗青长得知这位老同志、老革命处于如此艰难困境时，气得流下了眼泪，3月4日给周恩来写信反映情况说，“据外调人员反映，吴德峰同志年老有病身体很不好，现仍被高等法院群众专政，因两派争议问题不能解决。据我了解德峰同志在二、四方面军会合后的长征途中他任当时的中央西北局白区工作部长，是坚决反对张国焘的。双十二后在负责西安秘密情报工作中，是忠于毛主席的，反对王明等的，在总理领导下，他对敌斗争是机智勇敢的，对党是有很大贡献的。有关文电档案，现均存我部可查……”周总理当天就批示“同意罗青长同志意见！”并批转谢富治，请他做工作“处理”，“一批二保”解放吴德峰同志。并电话通知北京医院，没有他的批准，不准吴德峰出院。就这样，实际将吴德峰在北京医院保护起来。而一些人一直拖着迟迟不肯解放吴德峰。当时被保护在中南海的王震和廖承志，得知吴德峰受迫害病重信息后，也向周恩来等中央领导反映了情况。

1969年“五一”劳动节，周恩来在天安门城楼上，当着最高法院造反派代表的面，向毛泽东汇报：据讲吴德峰同志现在身体很不好，到现在还没有解放。吴德峰同志是忠于党、忠于革命的，他对王明、张国焘等的“左”、右倾错误作过坚决的斗争，在打败胡宗南的战斗中是立过很大的功劳的。毛泽东马上说：吴德峰同志是个好同志，一定要解放。凌晨1点多钟，王震坐着周恩来的车溜出中南海，来到吴德峰的家，告知这一消息。吴德峰夫妇高兴异常，与王震谈了许久，直到天快亮时才分手。不久，吴德峰在天安门城楼上见到毛主席和周总理，他紧紧握住毛泽东的手。毛泽东说：“德峰同志你也老了，你是我的老战友啦。要交好革命的班，把你过去的工作经验传下去。”回家后，他将戚元德和子女们都叫到身边，激动地向全家人谈了见到毛泽东、周恩来的情形。吴德峰和戚元德都高兴极了，丝毫没有为自己曾一度蒙受不白之冤，遭到残酷迫害而有抱怨情绪。这天，他不顾身体虚弱，和子女们谈了很久，叮嘱他们要坚信党，永远跟着党走，把光荣的革命传统，世世代代传下

1969年，毛泽东在天安门城楼上同吴德峰亲切握手

去，将革命进行到底。

吴德峰冒着风险为被错定有问题的老同志作证，证明他们是为党工作的无名英雄和革命同志。在十年浩劫中，尽管自己也处于残酷迫害下，但吴德峰却时时刻刻打听、关心其他老同志、老战友的境遇。当他听到周恩来遭到造反派的围攻，日夜为革命操劳时，他感到十分难过和担忧，怕把周总理累垮了；当听到彭德怀、陈毅、贺龙等老一辈革命同志受到迫害，他心痛得落泪。走出困境的他仍然没有忘记那些生死与共的战友，他一面养病，一面开始为这些仍被关押，被隔离审查的同事、部下写证明材料，以期使他们也和自己一样，得到解放。他证明王震等在长征时二、四方军会合后是与张国焘分裂主义做坚决斗争；他证明周惠年、肖桂昌、安子文等在他领导下做秘密情报、交通工作时是有功劳、贡献的，没有叛变自首等问题，不是叛徒；他证明王方明、肖德、霍建台、江子麟、戴中溶、陈建晨、杨小初和李步青夫妇、侯林斌等是为完成党的特殊任务，采用特殊手段打入敌人内部的秘密工作者和一些

是支持同情革命并为党做了一些工作的民主人士，是对党、对革命有功劳、贡献的。为解决曾在中央交通的秘密工作人员周惠年、肖桂昌及起义人员刘文华等的问题，他不顾年高体弱和已经因白内障动过手术的眼病，授意儿女亲笔签字向周恩来等中央领导写信反映情况。事后，有人问他“你这样做，就没想到会给自己带来恶果吗？”吴德峰坦然地说：“怎么没想到，可是我们这些在战争年代生死与共的战友，谁还不清楚谁，我们能坐视战友受迫害，知情不讲，袖手旁观吗？”他还说：“周总理、邓大姐等老同志就是我们学习的榜样，在大革命时代、长征途中，在文化大革命中要不是周总理，邓大姐、任弼

1971年春，罗青长(左一)、吴德峰(左二)、戚元德（左三）、申健（右一）在颐和园赏玉兰花

时、王震、罗青长等同志对我们关心、保护，我们也早就死于张国焘等人之手了，难道这一切我们能忘怀吗？”

当他和夫人戚元德得知一些老同志的子女受牵连，生活无着落，有的甚至流落街头时，更是坐卧不定，总怕这些孩子受冻挨饿或被坏人引上歧途，派人为他们送钱、送粮票，并将这些孩子找回自己家中，语重心长地叮嘱他们要相信党。阮波曾在武汉市和吴德峰共过事，她和丈夫彭炎等被打成“反革命分子”后，在狱中患关节炎、高血压、心脏病等疾病，吴德峰就亲自配中药粉装成胶囊，准备衣服，让家属设法带到狱中给他们治病、保暖，并转告他们坚持原则，活着出来就是胜利！因为户口粮本被吊销，他们的四个孩子留在家里难以度日，吴德峰夫妇得知这一消息后，即叫吴中生、吴持生送去粮票和钱，并买好火车票让阮波的大女儿小蒙立即送她生病的小儿子到上海亲戚家抚养。小蒙从监狱出来后，吴德峰夫妇又及时教育她要相信党，相信自己的父母不是反革命，不是叛徒走资派，要她经得起考验，并在经济十分拮据的情况下，拿出粮票和钱要她去老革命根据地躲避，免遭迫害。阮波的二女儿小薇到黑龙江建设兵团插队，吴德峰夫妇把小薇叫去给她做了一顿好吃的，也送给她钱和粮票。因东北冷，又叫女婿国良把他的军衣、军大衣、棉被等用品送给小薇，嘱咐她不要自暴自弃，到兵团好好学习锻炼。这些孩子在吴德峰的教育下，都明白了一个道理，乌云是遮不住太阳，是非黑白终究要分清的！使他们能抵制各方面的干扰，免于犯错误。阮波刚从监狱出来的第二天，吴德峰就派吴持生给她送去了鸡、药、衣物等，并转达了吴德峰的话：“看来你们的事不是一天两天所能解决的，要深居简出，等待结论，要相信党的政策。”被吴德峰夫妇救助的老同志的孩子很多，他经常语重心长地对自己的孩子们说：他们都是我们生死与共的战友、同志，他们的孩子也是我们的孩子，和你们一样都是革命的后代，是党和国家的希望。你们兄妹也都是在党和国家、人民群众和叔叔阿姨们的关心照料下长大成人的，现在都自立啦，而这些弟弟妹妹们还小正在成长，需要人去关心、培养、教育。如果我们看到问题不管不问不负责任，听任这些孩子们流离失所，一旦他们发生不测或误入歧途，我们作为一个老党员如何对得起为革命牺牲的先烈，今后如何面对孩子的父母、我们的战友和同志，又如何向党、国家和人民群众交待。

身处逆境的吴德峰对战友们的子女抚爱如己出，对自己的亲属和子女却是严而有加。1969年，全国动员备战、备荒、支援“三线”建设。他唯一在身边的小女儿吴持生也想去参加“三线”建设，但又顾忌父母年老多病身边没有人照顾。他夫妇知道女儿的想法后，就鼓励吴持生：“我们老一辈，背井离乡几十年革命，就是为了建设社会主义。你们年轻人更是任重道远，应该有远大的志愿。我们不能成为你们的包袱，拖你们的后腿。你就积极打报告，报名申请吧。”吴持生走的那一天，吴德峰夫妇亲自到车站为女儿送行。车开动时，他们还一再叮嘱女儿不要担心父母，要努力学习，努力工作。在场的很多同志都深为感动地说：“你爸爸妈妈真不愧为老红军、老同志。”

最后的岁月

1974年11月2日，戚元德经历“文化大革命”的严重摧残后，在北京医院逝世，离开了与她战斗、生活了47年的吴德峰。戚元德的去世使吴德峰万分悲痛。孔原等怕他受不了这突如其来的打击，一大早就来陪伴他。当时周恩来已在重病中，听到戚元德去世的消息，立即派邓颖超代表他前来看望吴德峰。康克清也代表朱德来了。他们分别传达了周恩来和朱德的关怀，要他不要过分悲痛，要好好保重自己，教育好子女。

从八宝山回来后，戚元德与自己同甘共苦、为党奋斗的近半个世纪的种种情景一幕幕地浮现在吴德峰的脑海里。他想起了戚元德一生所走过的革命历程，认为应该让孩子们知道和理解自己的母亲。他第一次系统地向孩子们讲述了妈妈的生平。他讲了戚元德的苦难家史；讲她怎样在周恩来和董必武、陈潭秋、徐全直等同志的关怀和帮助下从一个苦命的孩子走上革命的道路；讲她如何在周恩来等中央领导同志的直接关怀下，多次深入敌后和虎穴，机智勇敢，出色地完成艰巨的任务；讲她在长征中英勇奋斗的事迹……吴德峰要子女们学习母亲一生忠于党、忠于革命的坚定立场；学习母亲坚持原则、认真负责、一丝不苟的工作作风；学习母亲谦虚谨慎，善于团结同志，深入细致地做群众工作的思想情操和工作态度；学习母亲从不计较个人得失，以革命大局为重，勇于坚持真理与坏人、坏事，与“四人帮”作斗争的顽强的革命意志……孩子们含着热泪静静地听着他充满深情的叙述，把母亲的英勇事迹、思想品德，一点一滴地铭刻在心里。

戚元德去世后，他们过去一同工作过的同志纷纷致电、致信吴德峰，对戚元德的逝世表示哀悼，同时对他极力劝慰。袁溥之11月10日在信中说："元德一生对革命忠诚，对同志热情，她的死使我格外悲痛。你们几十年同生死、共患难，其悲伤自非言语所可表达。你年纪大了，千万多加保重，努力节哀，虽说偕老，总有先去后去，孩子们一定对你更加关心，你也不要使孩子们太

1970年，吴德峰、戚元德在北京红霞公寓

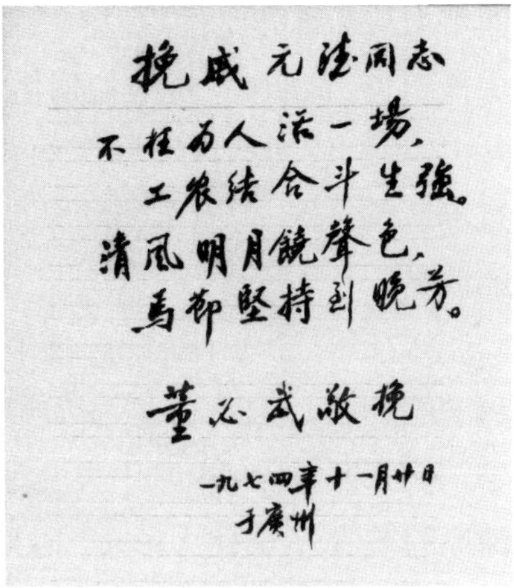

董必武悼念戚元德的挽诗

难过。”11月11日，胡文裕、王慧闻在信中说：“噩耗传来，至深哀悼！你俩恩爱夫妻又是革命同志，骤失良伴，悲痛殊深！”11月13日，长征老部下熊传锋在信中说：“元德同志不幸因病去世，我万分悲痛，忍不住热泪。元德同志过去是我们的好支书，比亲人还要亲。她在艰苦的环境里，紧张的日子里，都是无所畏惧，始终忠于党，热爱人民，关心同志。现在她与我分别了，心里久久不得平静，我从内心沉痛哀悼。并向您和您全家表示慰问，祝您健康长寿。”来电、来函的还有老同志、老战友郭述申、左齐、刘俊秀、樊正真、石础、夏石农、马廷士、杨晓初、王昭贤、张志玲、陈今、杨清玉等等。王震从广州带来了董老（董必武）和夫人何连芝亲笔悼念信及董老亲笔题字：“挽戚元德同志——不枉为人活一场，工农结合斗志强，清风明月饶声色，马节坚持到晚芳。”对如此多的战友、同志、老领导的关心鼓励，吴德峰心里得到极大的慰藉。

1975年1月，第四届全国人民代表大会第一次会议在北京召开，吴德峰出席了大会并当选为全国人民代表大会常务委员会委员，这是他半个世纪革命生涯的最后一个正式职务。会上周恩来抱病作了政府工作报告，重新提出了我国国民经济分两步走，到20世纪末实现四个现代化的宏伟蓝图。吴德峰听后精神非常振奋。

吴德峰继续关注过去一同工作的同志。2月7日，他致信李佩群，询问曾浪波、卢伟良、熊明心三人的消息。这三人都曾在他领导的中共中央交通局及其交通站工作过，几十年没见面，他心里十分挂念。2月19日，李佩群复信，告诉他上述三人的大致情况。曾浪波，抗战时期曾任八路军武汉办事处至广州香港的党内交通，武汉、广州沦陷后则跑香港—越南—桂林线，1941年在上海交通站工作，后到八路军重庆办事处组织部交通处工作，解放后曾任广州市人民检察院检察长、广东省监察委副主任等职。卢伟良，抗战初期在新四军南昌办事处工作，后在广东东江纵队工作，解放后曾任命广东省检察院副检察长。熊明心，抗战初期在香港交通站负责工作，1940年冬到上海交通站工作，解放初期在上海市委组织部任干部科长、办公室主任。尽管这些信息不是很完整，但对吴德峰来说还是非常宝贵，他非常高兴能够得知同志们的情况。

1976年1月9日清晨，广播中传出声声哀乐，周恩来总理于1月8日与世长辞。吴德峰默坐良久，心痛如绞，潸然泪下。周恩来长期是吴德峰的直接领导，特别是在上海中共中央交通局时期、西安事变前后，共同的战斗结下了深厚的友谊。“文化大革命”时期，周恩来一直关心吴德峰的处境，多次指示有关方面或向毛泽东反映情况，帮助吴德峰渡过难关。吴德峰也一直关注周恩来的情况，一直为周恩来的身体状况担忧。

1976年10月，党中央粉碎了“四人帮”反革命集团，十年“文化大革命”结束。吴德峰终于看到了云开雾散的阳光。然而，由于身体长期受到摧残，四个月之后，1976年12月11日，一位老一辈无产阶级革命家，一位马克思主义的忠实信仰者，一位中国共产党党员，一位党的秘密交通工作的开拓者，一位党的秘密战线杰出领导人之一——吴德峰带着一生求索的共产主义理想，走完了光辉的一生，在北京医院与世长辞，享年81岁。1976年12月19日，中共

中央在北京八宝山革命公墓礼堂为吴德峰举行了高规格的追悼大会。中共中央主席、国务院总理华国锋送了花圈。全国人大常委会、国务院、政协全国委员会、中共中央组织部、最高人民法院、公安部、中共湖北省委和省革命委员会、中共武汉市委和市革命委员会等，党和国家领导人叶剑英、宋庆龄、刘伯承、李先念、汪东兴、吴德、郭沫若、聂荣臻、陈云、张鼎丞、蔡畅等送了花圈。党和国家领导人李先念、汪东兴、徐向前、李井泉、邓颖超、胡厥文、姚连蔚、王震、余秋里，政协全国委员会副主席沈雁冰，最高人民法院院长江华等参加了追悼会。中共中央副主席汪东兴主持追悼会，国务院副总理王震致悼词。王震在悼词中说：“我们怀着十分沉痛的心情，悼念中国共产党的优秀党员吴德峰同志。……吴德峰同志几十年来，在毛主席、党中央的领导下，在长期的革命斗争中，立场坚定，爱憎分明，忠于党，忠于人民，对敌斗争坚决、机智、勇敢，认真执行了保卫毛主席，保卫党中央的光荣任务。……他光明正大，联系群众，忘我工作，努力为人民服务，为中国人民的解放事业和伟大的共产主义事业贡献了自己的一生。吴德峰同志的逝世，使我们失去了一位忠诚的革命老战士，是我党的一大损失。”

吴德峰追悼会会场

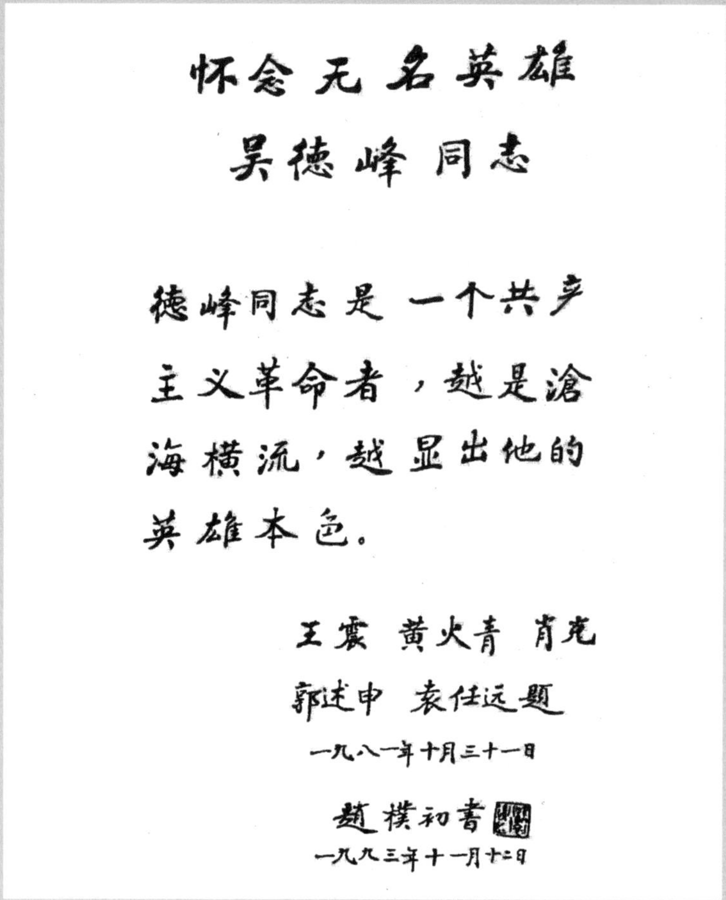
怀念无名英雄
吴德峰同志

德峰同志是一个共产主义革命者，越是沧海横流，越显出他的英雄本色。

王震 黄火青 肖克
郭述申 袁任远题
一九八一年十月三十一日

趙樸初書
一九九三年十一月十二日

十三、风范永存

吴德峰是我们党老一辈无产阶级革命家，忠诚的马克思主义者，党在新民主主义革命时期秘密交通工作的创建人之一，党在隐蔽战线杰出的领导人之一，我国社会主义法制建设的重要领导者之一。他的一生，是革命的一生，战斗的一生，为党的事业无私奉献的一生，全心全意为人民服务的一生。在长达半个多世纪的革命生涯中，他为党、为中国革命和建设作出了重要贡献，形成了足以光耀时代、传之后世的品格风范。他的精神和风范，是中国共产党先进性具体而鲜明的体现，是他留给我们党和我国人民的宝贵精神财富。学习和弘扬他的精神和品格风范，对于今天加强党的理论建设、作风建设、执政能力建设和先进性建设，都具有十分重要的意义。

立场坚定的政治风范

吴德峰具有坚定崇高的政治理想和政治信念，这是就无论何时地何种情况下，都牢固树立共产主义远大理想，都自觉为中国革命和建设奋斗终身，虽九死而犹未悔。老一辈无产阶级革命家王震等五老曾对他有一个评价："吴德峰是一个共产主义革命者，越是沧海横流，越显出他的英雄本色。"吴德峰的家庭是保康县有名的大地主，他的父兄在当时军政界都有显赫的地位，但他毅然丢弃高官厚禄、荣华富贵，为了救国救民，为了党的革命事业，义无反顾地继续踏上艰苦的革命征途。大革命失败后的革命低潮时期，有些人看不到光明前途，意志消沉、脱离革命，有些人甚至背叛革命，背叛党，但吴德峰毫不动摇地坚定共产主义理想，坚信党、依靠党，在党的领导下，出生入死，为党的事业奋斗终身。在长期革命生涯中，他经受住了三大考验，表现出了坚强的党性，展示了一位无产阶级革命家的立场坚定、无私无畏的政治风范。

第一大考验是白色恐怖的考验。白色恐怖的考验实质上就是生与死的考验。在新民主主义革命时期，吴德峰长时间在国统区从事秘密工作，风险极大。一是我党没有合法地位，经常遭受国民党特务的跟踪，稍有不慎就有可能落入敌手，轻则严刑拷打，重则牺牲生命；二是叛徒的出卖，总体上我们党的广大党员干部都有宁死不屈的优秀品质，但也有极少数软骨头，如向忠发、顾顺章等，他们的叛变投敌使我们党在国统区工作的同志险象环生。

吴德峰认为，在白色恐怖的环境下从事革命斗争，要增强党的观念、党的意识，具有坚强党性。在西安曹家巷十二号居住的时候，吴德峰和陶斯咏有一次著名的谈话，陶斯咏问："我的职务是什么？"吴德峰答："共产党员。""您呢？""负有一定责任的共产党员。"陶斯咏又问："我们组织名称叫什么？"吴德峰一字一句地答："共—产—党！"他就是这样时时以共产党员严格要求自己，处处不忘党的重托。他经常教育工作人员，要真正在思想上树立正确的世界观、价值观、人生观，坚定马列主义信仰，树立共产主义理想，随时准备为党为共产主义事业牺牲自己的生命。吴德峰就以身作则做了最坏的打算。他在西安工作时，特别在住房堂屋正面墙上的一个佛龛洞中安放了两把手枪，把子弹压上堂放着，一旦出现不得已紧急情况捅开纸随手就可取出手枪自卫，并和戚元德约定最后一颗子弹是留给自己的，他强调："间谍，只有死间！没有活间！"

吴德峰认为，要经受住白色恐怖的考验，要抛开私心杂念，做到心中无我。秘密斗争的一个重要特点是孤军奋战，特别是长期打入敌人内部的同志连党的组织关系都要切断，组织活动都要暂停，不能找党，只能党找自己，党不启用时不准发生与党的任何关系，孤军作战，甚至父母、妻子、儿女都不准联系，断绝一切可能暴露身份的关系与往来。完成任务回来后，他们的工作情况只有少数领导和部门知道，必须经组织严格考查审核后才能重新恢复组织关系，重新安排工作。很多秘密情报工作的英雄人物，其功绩记录在案但不允许公开表扬宣传，他们在平凡的岗位上默默无闻地继续为党工作，吴德峰就是这样无私的人。伍修权说："吴德峰这样一个老同志没有进过中央委员会，对他是委屈的，有不公平的地方，主要是他长期从事秘密工作，不被人们所了解。"对此，吴德峰能够泰然处之。

吴德峰认为，要经受白色恐怖的考验，既要有坚强的党性，也要充满智慧。他在长期秘密工作中，总结了一套应付敌人的有效方法，因此无论斗争环境多么变化无常，多么变幻复杂，他总能够有惊无险。他经常说，我们头上并没有贴着"共产党"的标签，只要我们胆大心细，沉着冷静，就能化险为夷。在武汉期间，面对敌人的抓捕，他从容应对，在一场浩大的欢迎会后安然脱险。在上海期间，他肩负重要使命，几进几出革命根据地，总能平安往返。在西安期间，他多次遭到国民党特务的盯梢和突然检查，总能想出种种办法使自己转危为安。这样的事例数不胜数。

第二大考验是政治挫折考验。由于多方面的原因，一名党员，特别是一名党员领导干部，在其革命生涯中总是或多或少地经受政治挫折的考验。毛泽东在中央苏区时，就遭受到“左”倾机会主义者的无情打击，被夺了领导权，用他自己的话来说，叫“搞得臭得很”，以致在一个相当的时间内，成了一个“闲人”。吴德峰在其近半个世纪的斗争中，经受了三次大的政治挫折的考验。但是，无论这些挫折多么大，都不能动摇他的理想信念和革命意志，他多次说，经受不住政治的考验，不是一个坚强的共产党人。

在江西苏区工作期间，吴德峰经受了第一次政治挫折。由于他在反“罗明路线”斗争中态度“暧昧”，被“左”倾机会主义者撤销了江西省保卫局局长的职务，并罚徒刑到湘赣苏区。对此，他一点也没有消沉，一如既往地坚持自己的观点。在湘赣苏区恢复工作、就任保卫局局长后，仍不改初衷，继续坚持原来的政策措施，使该地区的肃反有序推进，在特定的路线下虽然也杀了一些人，但也保护了一大批党的干部。

在武汉市工作期间，吴德峰经受了第二次政治挫折。这是一次巨大的挫折。因为武汉市一件普通的盗窃案，被撤销了市长的职务，一下轰动全党全国。不少人为他叫屈，但他对此有自己的看法。他认为，全国正在进行规模巨大的“三反”“五反”运动，这是加强执政党建设的重大举措。所谓“纪凯夫事件”演变为中央树的一个典型。因这件事他被牵连受委屈，但从党的工作全局看，有利于促进全国“三反”“五反”运动的开展。因此，在这次事件之中和之后，吴德峰忍辱负重，表现了一名党员领导干部的光明磊落和崇高风范。后来，中央取消了对他的处分决定，虽然当时在党内外没有公开，但在吴德峰看来，已经足矣。

在“文化大革命”期间，吴德峰经受了第三次政治挫折。“文革”中，许多党的重要领导干部遭受迫害，吴德峰也不例外。在被批判、遭揪斗的日子里，他始终对党充满信心，毫不动摇自己的政治理想和政治信念。由于吴德峰长期从事秘密工作，掌握着不少同志的历史情况，这也使他成为造反派揪斗的重要对象。但吴德峰始终坚守党的秘密，并为王震等许多同志作证明，证明他们是清白的，对党是忠诚的，使造反派没有从他这里得到什么。

第三大考验是权力考验。吴德峰认为权力是党给的，是人民给的，要谨慎使用手中的权力，要正确使用手中的权力，要用权力为党工作好，为人民服好务，而不能搞以权谋私，不能搞权钱交易。无论是在新民主主义革命时期，还是在社会主义建设时期，他都这样严格要求自己的、约束自己的。

在新中国成立初期，吴德峰担任直辖的武汉市市长，手中有了比较大的权力，但他能够经受住考验。毛泽东在新中国成立前夕的党的七届二中全会上，提醒全党特别是党的领导干部，防止资产阶级糖衣炮弹的袭击。武汉市是资本主义工商业比较集中的地方，解放后，这里是资产阶级糖衣炮弹最集中的地方之一。吴德峰作为市长，是糖弹攻击的重要对象之一，但他经受了考验。李尔重回忆吴德峰在武汉市的工作时这样写道："吴德峰同志在这场艰巨复杂的斗争中，显示了一个共产党员的坚定、明确、刚正、清白。他抵住了阿谀奉承，钱色诱惑，抵住了纷纭扑来的糖衣炮弹，树立了中流砥柱的榜样。"

在政法战线工作期间，吴德峰更是铁面无私，这在当时是出了名的。他的一位勤务员说："要走吴老的后门算是没门，他叫你连窗户都爬不进去！"事实正是如此，在他任最高人民法院常务副院长期间，原来的部下曾有一些人求他解决一些个人问题，都被他拒绝。吴德峰深情地对这些同志说："正因为你们原来是我的部下，我才要严格要求你、爱护你，我们都是党培养多年的干部，可不能把党的原则当儿戏。"

诲人不倦的学习风范

学习是一个党员提高素质的根本前提。吴德峰自幼就养成了良好的学习习惯，参加革命后，无论工作多么繁忙，斗争环境多么险恶，他始终坚持学习。他经常说："生而知之的人，从来没有过。我们都是学而知之，有时还是困而知之。""我们的革命生涯中，一个最重要的事情就是学习。""我们要革命一生，也要学习一生。"他强调说，如果不学习，就会孤陋寡闻，就不能进步，就不能当一名共产党员。因此，勤奋学习成为他终身不渝的一件大事，是他思想不断提高、工作不断进步的重要前提。学习是他最重要的风范之一。

吴德峰算得上是科班出身，从启蒙教育到湖北省立第一师范毕业，青少年时代的学习从未中断，这使他养成了良好的学习习惯。但他并不满足于“三皇五帝，宇宙洪荒”和“人之初，性本善”等，一师毕业后不久，他的兴趣就转向马克思主义。在利群书社，他如饥似渴地阅读《共产党宣言》《社会主义史》《资本论入门》《共产主义ABC》等马克思主义进步书刊，从中汲取营养。正是通过学习理论，吴德峰坚定了马克思主义信仰，树立了共产主义理想，成为一位坚定的无产阶级的先锋战士。

中国共产党是一个有着与时俱进理论品质的无产阶级政党，在指导中国革命的历史进程中，我们党时刻注意把马列主义的基本原理同中国革命的具体实际相结合，以新的思想、新的论断、新的语言丰富和发展马列主义，产生了中国化的马克思主义——毛泽东思想。吴德峰十分注重学习毛泽东的重要论述，力图以与时俱进的马克思主义武装头脑。在中央苏区，他就认真学习了毛泽东的许多论著，认为中国只有毛泽东的理论是符合中国革命的具体实际，他不同意“左”倾机会主义者对毛泽东的排斥和打击，更不同意他们否定毛泽东的主张，以至于被罚徒刑到湘赣苏区。

延安时期是毛泽东思想的成熟时期，吴德峰在延安生活的五年时间里，相对宽松的时间，相对安全的环境，使他能够集中精力学习掌握毛泽东思想。特别是在延安整风中，他把学习马克思主义与学习中国革命历史结合起来，极大地提高了理论水平和思想政治水平。党的七大以后，他更加勤勉地学习毛泽东思想和党的路线方针政策，比如，毛泽东在1947年12月会议上所作的《目前形势和我们的任务》的报告，他就反复地进行学习，力求掌握报告的精神实质。他赞同中央所指出的，这个报告是“整个打倒蒋介石反动统治集团，建立新民主主义中国的时期内，在政治、军事、经济各方面带纲领性的文件”。

解放初期，吴德峰担任了重要领导职务，但是他的学习劲头仍然不减。他经常挤出时间学习党的七届二中全会、三中全会精神，掌握了领导经济社会政治建设的重大方针政策。这是他担任武汉市长能够很快进入角色、并取得很大成绩的重要原因之一。他从事政法工作后，他又集中精力学习马克思主义法学理论和社会主义法制建设的知识，如第一部《中华人民共和国宪法》公布后，他十分重视，认真学习，深入钻研，写了许多独具匠心的心得体会，并在中南政法学院讲授《宪法》的基本问题。这在当时引起了较大反响。

吴德峰酷爱学习，他一生除了以主要精力学习马列主义、毛泽东思想外，还有对多方面的知识进行涉猎，从而具有渊博的知识，这在党的领导干部中是比较突出的，因此同志们给他起了一个外号叫“百科全书”。他的历史知识很丰富，古今中外的名人轶事，知道得很多。他的古典文学造诣也很深，在家兴致来时，他经常对景生情，说出许多李白、杜甫的诗句，往往两杯清茶后就意气飞扬，躺在沙发上闭住眼睛，只要有人随便把古诗一首提个头，他便接着抑扬顿挫地吟咏起来。他医学知识也很丰富，新民主主义革命时期缺医少药，有的同志头痛了，他用草药研成粉，敷药止痛；有人患感冒，没有阿斯匹林，他便叫通讯员去山坡摘些霜桑叶，或是到河滩水沟边沿刨些芦苇根熬汤喝；他自己患失眠症，便到桑园里买来桑葚，炼制成膏用水冲服；等等。

吴德峰学习非常讲究方法，他经常说，重要的书要多看几遍。第一遍要做标记，最好有四种颜色的铅笔，看到好的重要的句子可以用红笔画线，不好的用蓝笔，不懂的用绿笔，似懂非懂的用另一种颜色的记号。第二遍可以细读，哪里不懂仔细看或问别人，阅读的过程中可以批注，用几个字将某段的中心意思批注在书上面。第三遍读时将这些内容连贯起来读。至于一般的书，可以用读第二遍的方法读。他说，读书有一个重要原则，不要乱、杂，一个时期只读一类书。他还说，读中国古代的书要善于分析，为我所用。他这些读书的方法是他长期学习的积累，很有针对性和可操作性，不少年轻同志从他这里得到这种方法后，学习进步很大，收效也十分明显。

吴德峰非常重视和关心年轻人的学习，要求他们把学习放在重要位置，始终抓紧抓好。1946年，吴德峰一行从张家口退到阜平县海沿村，每天早晨起床后，他总是督促年轻人去学习。每逢重点讨论问题，他都亲自参加。为了帮助年轻人学习，他把在延安听报告的多种记录，都让人整理并油印出来，发到每个同志手里当作学资料。在南下途中，他强调，要适应新的形势就必须加强学习，他为即将奔赴新工作岗位的同志开列了一个书目，要大家认真学习，他特别强调每人都要购买毛泽东的《目前形势和我们的任务》。

武汉解放后，吴德峰在公务繁忙之际，仍然关注年轻人的学习。到武汉不久，1949年六七月间，他就到市委党训班给党员们讲解党的七届二中全会精神，不知疲倦地整整讲了一天。他那饱满的精神、洪亮的嗓音、明白的讲解，给学员们留下了深刻的印象。1951年是党创立30周年，“七一”前后，他作了多场学习报告，讲述马克思列宁主义、毛泽东思想，讲述党的历史，讲述党的建设。他指出：“毛泽东思想不是孤立的，是详细研究了中国的实际情况后产生的，是理论与实践相结合的产物。我们有千百万理解毛泽东思想的干部，他们经验很多，缺乏理论，应加强理论学习。新干部加强实际锻炼，当然也要学习理论。”他强调：“过去重视学习教育，通过小组会学习政治理论。目前对教育重视不够，应纠正。要加强支部工作，使支部成为教育党员、管理党员的战斗集体。”

吴德峰的学习思想有几个重要特点：一是学习好马克思主义和毛泽东思想，掌握好科学的世界观和方法论，同时要学习党的路线、方针、政策。二是学习要深思，不能生吞活剥，不能死记硬背，而是要联系实际，力求理解，在理解的基础上抓住最核心、最基本、最本质的东西，并且善于用自己的话把它表达出来。三是注意学习的方式方法，不同的书要有不同的学习方法。

多谋善断的领导风范

吴德峰无论从事什么工作，都不囿于这项工作，而是习惯于着眼于党的全局，表现出目光远大、多谋善断的领导风范。他经常说，我们每一项工作都是党和国家工作全局的一个部分，都要自觉维护这个全局，而不能搞本位主义。因此，他所从事的每一项工作几乎都能常做常新。对此，他多次受到毛泽东、周恩来等中央领导同志的称赞。

着眼全局，目光远大，是吴德峰担负领导工作的重要特点，他明确提出我们无论从事什么工作，都坚持要全力为党中央服务的基本方针，离开这一基本方针，我们的工作就没有意义，甚至还会起到相反的作用。在他的领导工作中，为中央服务有以下一些实践。

一是全力保卫中央的安全。在上海时，吴德峰就工作在中央领导身边。

他领导的党内交通工作无时无刻不在关注国民党的动态，分析各方面的情况，保证中央的安全。当时在白色恐怖的环境下，中央机关之所以能有序顺畅运转，中央机关和中央领导同志之所以在屡遭叛徒出卖的情况下，仍然能平安无事，有惊无险，一个很重要的原因就是秘密工作的卓越成就。特别是顾顺章、向忠发的叛变，给党带来极大的危险，如果没有党内交通卓有成效的工作，在国民党特务的严密监控下，党要安全、高效、有序地工作和实施对全党的领导，几乎是不可能的。

二是认真执行党的路线方针。作为一个领导干部，吴德峰在长期革命生涯的各个不同的工作岗位，总是能始终认真执行党的路线方针政策，堪称模范。比如抗日战争时期，党坚持抗日民族统一战线的基本方针，并在这个基本方针的指导下提出了抗战、团结、进步方针。吴德峰在西安工作期间，为实现党的抗日民族统一战线的方针而努力，他对西安社会各阶层的分析为党进一步完善抗日民族统一战线的策略方针提供了重要依据。解放初，在领导武汉市的工作时，他认真执行党的七届二中、三中全会精神，使武汉市公私关系、劳资关系、产销关系得到调整，国民经济得到较快恢复，各项工作蒸蒸日上。“三反”“五反”运动中，被撤销职务，他不是感到委屈，而是认为只要有利于党的事业发展，自己受点委屈也无所谓了。

三是创造性地执行党的路线方针政策。吴德峰认为，必须把党的路线方针政策与本职工作紧密结合起来，创造性地执行党的路线方针政策。他在政法战线工作期间，我国社会主义法制建设走过了一段曲折的道路，特别是在1957年反右斗争扩大化以后，法治越来越困难。在这种情况下，他仍然强调加强社会主义法制建设的重要性，并提出了许多有价值的思想，丰富了我国社会主义法制建设思想。

运筹帷幄，多谋善断，是吴德峰担负领导工作的又一个重要特点。他认为，我们无论做什么工作，都要把握这项工作由来、现状和未来发展的趋势，都要把握这项工作的每一个关键环节。只有这样，也只能这样，我们才能够统筹全局，运筹帷幄，多谋善断，否则就有可能坐井观天，是做不好工作的。

一是善于判断形势。吴德峰认为，对形势的正确判断是做好工作的重要前提。在赣北担任特委书记期间，发生过这样一桩事。有一次，省委交通员通知他去开会，从来人脸上，他捕捉他一丝稍纵即逝的紧张神色。由此及彼，他又发现，这个平常一文钱放在手心里能握出汗来的吝啬鬼，常戴的旧毡帽不见了，换成了一项八成新的呢子帽。吴德峰从这两个极其细微的反常现象中，怀疑此人有变节投敌之嫌。后来的事实证实了他的判断，从而避免特委被一网打尽的严重后果。在西安曹家巷12号时，旁边13号宅院住的是位姓赵的房主，后来改住国民党十战区政治部主任和特务机关。不少同志心里很紧张，但吴德峰认为与国民党军政特务机关为邻居实际上多了一个保护伞，谁也想不到也不会去想共产党的情报机关敢在他们的眼皮底下安营扎寨，这种“灯下黑”的环境相反是最安全的。借助这把保护伞，有一段时间，军警特宪上门捣乱的人几乎绝迹了。

二是善于果断决策。吴德峰认为，担负领导工作要果敢，看准了的就要及时决策，大胆地干。在担任武汉市长时，工作千头万绪，特别需要雷厉风行、果敢决策的作风。武汉市政府成立后，碰到困难问题很多，第一是吃饭问题。中南局和市委接二连三地向资本家做统战工作，请他们给出一百几十万人够吃两天的粮食，但资本家不给面子：“实在没有了。”吴德峰坚定地说：“在家靠父母，出外靠朋友，爹妈在挨饿，朋友凉了，没法子，派干部下去，找地方党，动员群众，不会没粮食。”果然从汉江和长江一船接一船地运来了粮食。市政府手里有了粮食，资本家仓库里的粮食也不得不出笼了。第二是穿衣问题。武汉市有五大纱厂，能纺纱能织布。有一批棉纱商，他们手里有布有纱，还把手脚伸到乡下，把棉花也抢购走了。就这样，市政府要买纱、布，不出高价买不到，要加工，政府手上没有棉花。大批解放军，不论是露营或住到房里，被蚊子咬得难熬。当时，做统战工作，没有效果。吴德峰下定决心：“告诉地方党员，动员群众，把棉花卖给党，把土布卖给党。”上天有路，自己造梯子，这一关闯过了。第三是银元问题。当时资本家使出一个杀手锏：不用人民币，一切交易要银元。他们手上的银元比市政府多。这一招很厉害，眼看着市政府要打败仗。吴德峰果断指出：“发动群众抵制银元，使用人民币，群众支持人民币，银元就得败下去。”这样一个群众运动，迫使银元在市场交易中，失去了往日的威风，人民币迅速地广泛地占有了合法地位。资本家的威风也就一落千丈了。

三是善于斗争。吴德峰认为，我们既要敢于斗争，又要善于斗争。他从观察敌人活动规律中发现，在敌强我弱、叛徒特务气焰嚣张的情况下，我特工人员若消极防范，单纯避难，往往是“长敌人的志气，灭自己的威风”，容易造成被动挨打的局面。因此，他针对敌人欺软怕硬的本质特点，施以针锋相对、积极防御、防中有攻、攻防兼备的斗争策略。有时采取偷袭的方法，先发制人，稳、准、狠地给叛徒致命的一击，如在开封工作时，他组织“打狗队”，积极主动地对叛徒、特务进行严厉打击，经过四个多月的斗争，根除了叛徒，打掉了敌特的耳目。有时采取斗智的办法，讲理讲法，迫使特务改邪归正。在西安工作时，有一次，他见一个伪装拉洋车的特务活动在八路军驻西安办事处后巷，为制服他，他派人将事先装满石头的大木箱放在车上，让这个假车夫拉着沉甸甸的车子在街上绕圈子。从早晨一直转到中午，累得特务满头大汗，不得不苦苦求饶。押车的同志顺势做思想工作说：“中国人联合起来抗日该有多好，你们为什么要帮助国民党搞分裂、搞特务活动呢？”正义的言词使这个特务当场道出实话，并表示今后洗手不干了。

求真务实的工作风范

一切从实际出发，理论联系实际，实事求是，在实践中检验真理和发展真理，是我们党的思想路线，毛泽东把它概括为实事求是。这一思想路线要求党的全部工作必须沉稳务实，不尚空谈。吴德峰在革命生涯中，无论从事什么工作，都注意从实际出发，根据实际情况决定工作方针，从不凭拍胸脯和拍脑门子办事。他经常说，如果不坚持实事求是，一定是不能做好工作的，一定是要失败的。

吴德峰认为，从事秘密工作，要最注意讲求实事求是，也正是在秘密工作中，他那沉稳务实的作风体现得淋漓尽致。在秘密工作中讲究实事求是，就是要求秘密工作从形式到内容都要符合秘密工作的特点和规律，以安全、有效为最高原则。比如，居住环境方面，就要切合实际。吴德峰夫妇刚到上海时，为节约开支，曾想尽量从简，殊不知这反而容易引起怀疑，危及安全。因此，在上海工作的很长时间里，吴德峰在居住环境方面是非常讲究和挑剔的，总是尽可能办得好一点，办得周全一些，避免给国民党特务留下蛛丝马迹。为解决经费不足的问题，他还专门把继母从武汉接到上海。也正是由于做到这一点，周恩来等中央领导同志经常到吴德峰家里来开会，决定重大事情。再比如，在交通人员身份方面，也要符合秘密工作的特点，一是要求身份社会化、职业化，就是交通人员都要有一定的社会职业作掩护；吴德峰就曾以商人、记者、国民党高参等职业作掩护；二是要求家庭化，就是要求单身男女交通人员组成临时家庭，这些规定和做法非常符合秘密工作的规律和特点，反映了秘密工作的实际，有利于秘密工作的顺利开展。

吴德峰认为，要脚踏实地就必须全面准确客观地反映实际，全面反映就是要反映实际的各个方面。纵的方面包括它的历史和现状，横的方面包括它的各个组成要素；准确反映就是要正确地反映实际，而不歪曲反映实际；客观反映就是要反映实际的基本事实，而不凭一主观臆想。比如，在秘密工作中，吴德峰非常注意对社会各阶层进行系统的、详细的调查研究，从社会的三教九流，到国民党军、政、党、特、校官以上的头面人物，基本上都有调查，掌握了他们的政治观点、思想状况、生活习惯以及社会交往情况。由于这种调查全面准确客观地反映了国统区社会的实际状况，因而也就具有很重要的意义。再比如，吴德峰在西安工作时，综合分析各种情报资料，判断国民党正在重庆召开一个高级别的反共会议，新的反共阴谋行动即将出台。中央接到电报后即发电询问重庆方面，回答是查无此事。吴德峰即将收集到的有关报纸刊登一些国民党特殊身份的高级人物在重庆出现的动向，及字里行间的信息进行深入分析，再次确认情报准确无误。后经证实，国民党确实是在重庆某地秘密召集了一个反共高级决策会议。

吴德峰认为，人民群众是真正的英雄，要脚踏实地，不尚空谈，就必须认真听取人民群众的意见和建议。解放初，为了尽快恢复生产，发展经济，建设好新武汉，他总是深入实际，深入基层，深入群众，集思广益，认真倾听群众的意见和呼声。在武汉市职工总会筹委会成立大会上，他找工人谈心，认真听取工人代表的意见和呼声。在武汉各界代表大会上，他呼吁代表们“知无不言，言无不尽”，充分表达自己的意见。他还在市政府设立了个“市长信箱”，以此加强同广大市民的联系。他常常只带上一个秘书或司机，深入工厂、街道、学校，做调查研究和宣传工作，有问题当场处理。当时，武汉是国内重要的商业要埠和交通枢纽，吴德峰十分重视交通运输问题。有时，码头搬运工人开会，只要打电话给他，他都亲自参加会议。他这种脚踏实地、不尚空谈的作风，既促进了决策的科学化民主化，又在武汉市民中树立了共产党人的良好形象，给武汉市民留下了深刻的印象，人们由衷地赞叹：“共产党的市长真好哇！”

吴德峰无论做什么工作，都事必躬亲，兢兢业业，其勤奋敬业的精神让人钦佩。早期在武汉工作时，身为武汉市公安局局长，每逢党需要，他总是身先士卒，如他就曾多次到汪精卫家中了解情况，掌握了不少有价值的情况，减轻了汪精卫叛变革命时党的损失。在上海工作时，他不顾危险，多次深入苏区联系工作，特别是他从鄂东给在上海的党中央带回大量黄金，解了燃眉之急，受到中央领导同志的称赞。在西安工作时，特别是在国民党第一次反共高潮中，他事必躬亲，夜以继日地工作。由于过分劳累及用脑过度，他经常头痛、呕吐，患上严重神经衰弱失眠症。尽管如此，他一天也没有休息，坚持带病工作。新中国成立之初，在武汉平抑物价斗争的日日夜夜，吴德峰每天召开市政府会议，斗争紧张时，他和其他市政府领导往往吃罢晚饭就开会，一直到深夜十一二点，大家还得连夜赶回单位及时布置明天的工作。

淡泊名利的做人风范

吴德峰是中国共产党的优秀党员，是一位资深的革命家和党的高级干部，但是他从不居功自傲，做人非常低调，从不愿意宣传自己。不居功，不自恃，淡泊名利，乐观豁达，这是他为人处事的准则，也就成为他的重要风范之一。

新中国成立后，吴德峰在工作上是高标准的，然而在生活上则始终保持着战争年代的艰苦朴素作风。在担任武汉市长期间，该市生产正待恢复和发展，机关实行供给制，他和同志们一起过着艰苦的生活。一次群众大会上，吴德峰作报告时举起右臂挥动时，群众看见他的衬衣袖子破得连胳膊都露出来了。大家怀着对他的关心爱护，向市政府写信反映了这个情况。市政府办公厅立即做了两件白布衬衣送给他。吴德峰首先问大家是不是都有，当知道是专为他做的时，他不肯收。经办公厅的同志再三解释，说这是为了工作的需要，否则群众还是要提意见的。这样他才勉强收下，并照单付费。有一段时间，市长们被安排到一个原烟草公司的高级公寓里住，吴德峰坚决反对，后搬到了一元路的一套简朴的楼房里住，并把分给自己的单元住房一部分让给赛先润和她的女儿住。困难时期，最高法院为改善群众生活，从内蒙古买回一些黄羊，决定特殊照顾几位老领导多分点。吴德峰拒绝了同志们的好意。但机关关心他，仍派人送到家里，正好小女儿吴持生下班回家，在门口碰上，不知情由，就交了40元钱拿回去交给大师傅做着吃了。吴德峰知道后，很生气，严肃地批评了吴持生“多吃多占，脱离群众是要不得的”，并命令家人今后机关不管送什么东西，没有他的同意谁也不准买，更不准白拿。

吴德峰一生从不计较名利地位。作为一个在大革命前便参加了革命，在大革命时代就当了武汉市公安局长，在白区上海当了党中央的交通局长，在长征时当了方面军保卫局长的人物，一旦党有需要，他卸掉一切负责工作，以普通社会成员的身份，到国统区西安去做秘密工作，出生入死，危险备至，艰苦备尝，生活上同大伙一样，每月仅有10元钱的生活费。这是多么难得啊，没有崇高的思想境界是做不到的。

抗战胜利后，为执行国共双方共同确定的双十协定和军事停战协定，国、共、美三方组成了军事调处执行部。一开始，党组织安排吴德峰在北平本部工作，后由于他慢性盲肠炎急性发作，其职务就由李克农替代。吴德峰病情稍有控制后，又按组织要求立即赶赴北平军调处任秘书，后被派往汉口执行小组工作。当时汉口执行小组中共代表为薛子正，中原军区驻武汉办事处主任是郑绍文。吴德峰随周恩来到办事处后，周恩来宣布在武汉方面党内由吴德峰、郑绍文、薛子正三人组成领导班子，由吴德峰负责全面领导，并负责协调武汉执行组和办事处的工作，负责中原军区的军费供给、联合国救济总署的联络、组织搜集情报等项具体工作。当研究吴德峰对外的职务时，吴德峰表示，任务明确就行了，用不着什么名义。周恩来笑着说：“这与西安工作不同，是公开对国民党的。”最后决定吴德峰以顾问身份对外开展工作。中原军区副司令员王震知道这一情况后，开玩笑地对吴德峰说：“吴老，看来你的任务越来越重，官却越来越小，名不副实！名不副实！”引得吴德峰也笑了起来，一点也没有不满意、不开心的表情。

解放初，吴德峰虽因所谓“纪凯夫事件”受到处分，但他并没有产生抵触情绪，而是自我反省工作没有做好，并平静地收拾好自己的行囊。后经中央审查，取消了对他的处分。吴德峰调北京工作。不少老同志愤愤不平地说：“社会上对取消处分一事悄然无闻，应该公布于众。”他却淡然一笑了之，对名利他早已看得很淡。在“文化大革命”前的全国人民代表大会上，已确定选举吴德峰为人大常委。但人大常委在公布确定名单时，有关方面发现由于工作失误，漏掉了青年团方面的代表胡耀邦。因名额限制，组织部门征询吴德峰的意见，是否可将他的人大常务委员职务让给胡耀邦，他毫不犹豫，欣然同意。

吴德峰一生光明磊落，早把名誉、地位、生死、财产等个人名利置之度外，他经常说：“什么都是身外之物，生不带来；死不带走，人活着要有所作为，要有意义，对人类、对社会、对国家要有所贡献，有所为才有所得，才不枉为人一世”。据黄火青、伍修权等回忆说，中共七次代表大会就曾提过名，选吴德峰为中央委员，但由于种种原因，在中央委员会候选人名单中没有列他的名，但他个人从没有计较过。全国解放后，他直接领导过的下级，不少人职位待遇上都超过吴德峰，而他能安然处之，不为所动，这是多么难能可贵的品质啊！

吴德峰还能严于律己、宽以待人。吴德峰对孩子们要求很严，要他们都在艰苦的环境中去锻炼、成长，不许搞特殊化。吴持生是跟着吴德峰夫妇在革命根据地长大的孩子，吴德峰夫妇从小就让她过军旅生活，过农村生活，锻炼她吃苦耐劳、艰苦朴素的作风。“文化大革命”期间，吴德峰夫妇没有把她留在身边，而是支持她报名去内地参加“三线”建设。吴爱生是军调处时从敌占区到解放区参加革命的孩子，吴德峰让他参加土改，当学徒工，让他在大风大浪中锻炼，增强劳动观念，改造小资产阶级思想意识，把他培养成为一个有文化、有技术的中国航空工业工程技术专家。吴卅生、吴中生、吴岷生是解放后才回到吴德峰身边的。刚解放时，吴德峰主要让他们学习、补习文化，教育他们是革命的后代，应将自己的一生交给党，由党来安排，为党、为革命的事业奉献一切。抗美援朝开始，他鼓动适龄的吴卅生、吴中生响应党中央提出的“抗美援朝，保家卫国”的号召，带头报名参军。吴卅生转业后，他又鼓励他继续深造上大学，毕业后分配时，又鼓励他到国家最需要人才的新疆去参加支边建设。吴中生作为飞行员，表现优秀，后被部队保送去哈尔滨军事工程学院深造，成为我国自己培养的航天工程技术人员。吴岷生长征中出生，从小送人寄养当过童养媳、养女、丫头，受苦最多，从小身体营养不良，患有恶性贫血，14岁回来后才开始上学，吴德峰夫妇对她的教育和呵护可以说是用心良苦。她的底子差，在父母的关心支持下，硬是咬着牙刻苦努力赶上妹妹，上了北京铁道医学院学医。毕业后，吴德峰也没有把她留在身边，而是让她随爱人（军人）分配到临汾基层医院锻炼，使她成为一名医术熟练的妇科医生。

吴德峰虽然离开了我们很多年了，但他的革命业绩长存，崇高风范长存。吴德峰永垂不朽！

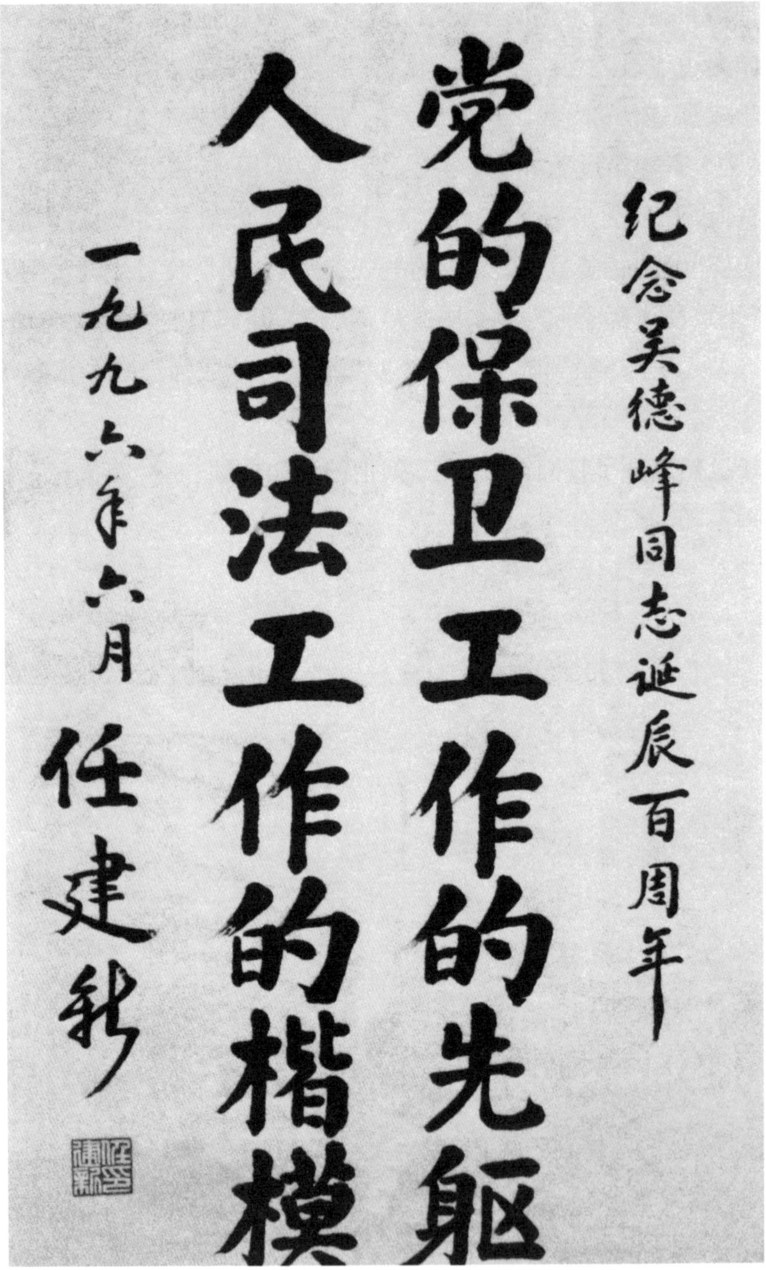

任建新题词

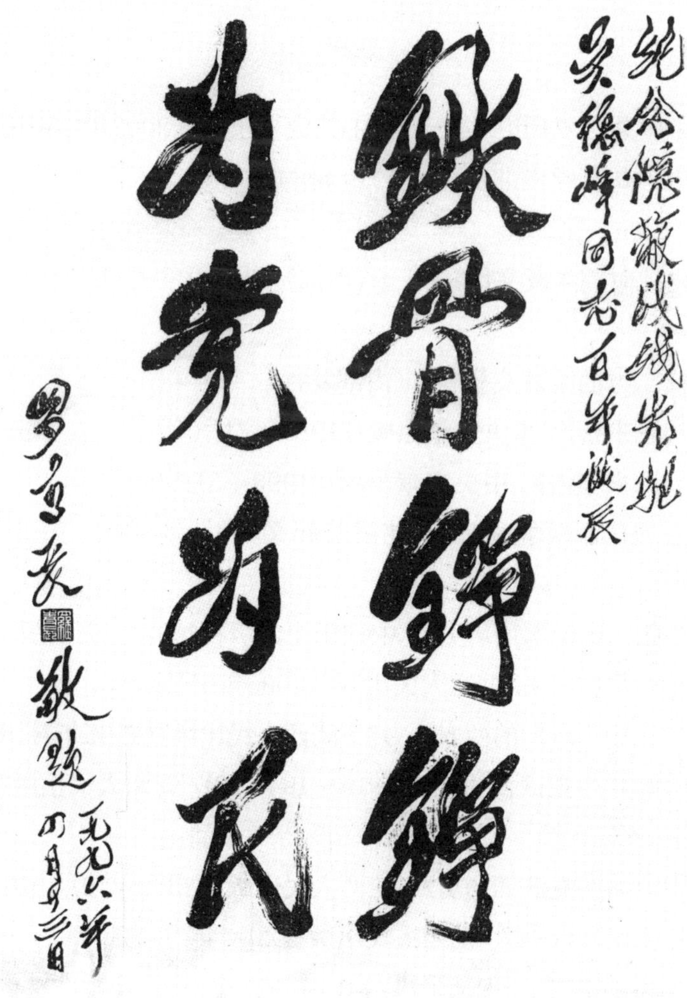

罗青长题词

主要参考书目

《中国共产党历史》第一卷，中共党史出版社2002年9月出版。

《中国共产党湖北历史》(1919.5—1949.10)，湖北人民出版社1999年9月出版。

《内战时期肃反文件》（上）（内部资料），中共中央社会部1936年2月6日编印。

《红二方面军战史资料》（内部发行）。

《周恩来传》，中央文献出版社1989年2月出版。

《周恩来年谱》，中央文献出版社1990年3月出版。

《土地革命战争时期，各地武装起义（湖北地区）》，解放军出版社1996年6月出版。

《中国共产党鄂南历史》，中共党史出版社1992年9月出版。

《董必武传记》，湖北人民出版社2006年6月出版。

《抗日战争时期的西安八办》，陕西人民出版社1995年7月出版。

《中国共产党武汉历史》(1919—1949.10)，湖北人民出版社1999年12月出版。

《中国共产党江西历史》，江西人民出版社2002年10月出版。

《任弼时在江西》，江西人民出版社2004年3月出版。

《上海邮电志》（内部资料），上海地方志办公室编。

《党内交通史资料选编》第一辑（内部资料），中共中央办公厅机要交通局1981年10月编。

《武汉文史资料》第八期，政协武汉市委员会编。

后 记

2007年，在中共湖北省委的决定和领导下，由中共湖北省委党史研究室编纂的《吴德峰》一书在中共党史出版社出版了。该书时由中共湖北省委党史研究室主任王树华担任主编，副主任祁兵担任副主编。中共湖北省委党史研究室组织史编研室的胡中秋、刘淳、梅雪、肖光等负责征编、撰写工作，刘淳负责统稿，室学术委员会进行了集体审稿，严洁参加了后期编务工作。

本书的征编和撰写工作在中共湖北省委的高度重视下，得到了中华人民共和国最高人民法院，上海、江西、陕西、武汉等省市委党史研究室和许多老同志的大力支持，同时得到了吴德峰同志亲友的大力帮助，特别是吴德峰同志的女儿吴持生，为本书的编纂提供了大量的文字和图片资料。

该书包括传记、文稿、回忆录和年表四个部分。其中，传记部分由刘淳承担了4万余字的吴德峰传略初稿，梅雪在这个初稿的基础上撰写到13万余字的传略文稿。

2017年，在中央特科成立90周年之际，中共党史出版社拟于近期出版隐蔽战线英雄传记丛书，《吴德峰传》专列其中一册。为此，中共湖北省委党史研究室组织史资料编研处对《吴德峰》一书进行了修订工作，具体修订工作由肖光承担。

由于我们编撰水平有限，加之吴德峰同志长期从事隐蔽战线工作，许多文稿和资料不全，难免有遗漏和不妥之处，敬请读者批评指正。

《吴德峰纪念文集》编辑组

2017年9月